ROTEIRO
AUDIOVISUAL

Rafael Leal
(org.)

ROTEIRO AUDIOVISUAL

estudos contemporâneos

Editora PUC-Rio
Rua Marquês de S. Vicente, 225 – Casa da Editora PUC-Rio
Gávea – Rio de Janeiro – RJ – CEP 22451-900
T 55 21 3527-1760/1838
edpucrio@puc-rio.br
www.editora.puc-rio.br

Edições Loyola Jesuítas
Rua 1822, 341 – Ipiranga
04216-000 São Paulo, SP
T 55 11 3385 8500/8501 • 2063 4275
editorial@loyola.com.br
vendas@loyola.com.br
www.loyola.com.br

Equipe de tradução e revisão técnica: Gabriela Lopes, Gustavo Grinspun, Luca Salgado da Silva Pereira, Maressa Fernanda Almeida da Silva, Maria Antônia Silveira Gonçalves, Maria Clara Vieira Fernandes, Rodrigo Prestes e Sofia Badim

Preparação de originais: Beatriz Ostwald Luz Vilardo
Revisão de prova: Cristina da Costa Pereira
Projeto de capa: Escritório Modelo de Design/PUC-Rio
Editoração de miolo: SBNigri Artes e Textos Ltda.

Todos os direitos reservados. Nenhuma parte desta obra pode ser reproduzida ou transmitida por qualquer forma e/ou quaisquer meios (eletrônico ou mecânico, incluindo fotocópia e gravação) ou arquivada em qualquer sistema ou banco de dados sem permissão escrita das Editoras.

ISBN (PUC-Rio): 978-65-88831-80-9
ISBN (Loyola): 978-65-5504-242-9

© EDITORA PUC-RIO, Rio de Janeiro, Brasil, 2022.
© EDIÇÕES LOYOLA, São Paulo, Brasil, 2022.

Dados Internacionais de Catalogação na Publicação (CIP)
(Câmara Brasileira do Livro, SP, Brasil)

Roteiro audiovisual: estudos contemporâneos / Rafael Leal (org.). – Rio de Janeiro: Ed. PUC-Rio; São Paulo: Edições Loyola, 2023.
152 p. ; 23 cm

Inclui bibliografia

1. Roteiros cinematográficos. 2. Roteiros de televisão. 3. Redação de textos para cinema. 4. Redação de textos para televisão. 5. Recursos audiovisuais. I. Leal, Rafael.

CDD: 808.23

Elaborado por Lizandra Toscano dos Santos – CRB-7/6915
Divisão de Bibliotecas e Documentação – PUC-Rio

Sumário

Apresentação 9

Pequena introdução à poética do roteiro audiovisual 13
Rafael Leal

O objeto que ainda não é um objeto: a ideia audiovisual 35
Ian W. Macdonald

Algumas posturas e trajetórias da pesquisa em roteiro 55
Steven Maras

Desenvolvimento de roteiro como um *wicked problem* 71
*Craig Batty, Radha O'Meara, Stayci Taylor, Hester Joyce,
Philippa Burne, Noel Maloney, Mark Poole e Marilyn Tofler*

Após a máquina de escrever: o roteiro na era digital 101
Kathryn Millard

Citações corretas e incorretas da *Poética* de Aristóteles na
bibliografia atual de roteiro 119
Carmen Sofía Brenes

Sobre os autores 149

Do que é feita a maçã? Água, terra, sol, uma macieira e um pouco de adubo. Mas ela não se parece com nenhuma dessas coisas. É feita delas, mas não se parece com elas. Assim é uma história, que com certeza é feita de uma soma de encontros e experiências e atenções.
Amós Oz, *Do que é feita a maçã* (2018)

Apresentação

Este livro não é um manual de roteiro.

Manuais de roteiro costumam trazer uma série de prescrições sobre como escrever um bom roteiro a partir de regras supostamente universais extraídas de roteiros considerados bem-sucedidos. Frequentemente evocam Aristóteles como sua matriz sagrada e adotam uma matriz estruturalista de pensamento, categorizando, classificando, buscando termos comerciais e pretensamente inovadores para definir elementos simples e presentes na maioria das histórias.

Aqui o interesse não é reproduzir as fórmulas cristalizadas dos manuais de roteiro, mas sim lançar um olhar crítico sobre tais fórmulas de modo a entender como elas foram estabelecidas, de onde vêm essas *verdades universais* que os autores dos manuais repetem, repetem, repetem.

Roteiro audiovisual: estudos contemporâneos busca oferecer a roteiristas, estudantes e pesquisadores de roteiro as ferramentas para compreender o roteiro por uma ótica expandida, interdisciplinar, dinâmica, que funcionem como ponto de partida ou ponto de conexão. Partida no sentido de início de uma trajetória, seja escrevendo ou pesquisando roteiros, por trazer visões múltiplas e não dogmáticas sobre os fundamentos de fazer e pensar roteiro, fora da perspectiva dogmática dos manuais. E conexão no sentido de ligar a produção acadêmica brasileira com a produção internacional no campo, realizada há anos por um consórcio crescente de pesquisadores que se articula em torno do Screenwriting Research Network (SRN), de cujo Conselho Executivo faço parte desde 2019.

Dessa maneira, esta coletânea de artigos interconectados tem o objetivo de aumentar a oferta de trabalhos acadêmicos no campo do roteiro audiovisual disponíveis em nossa língua, trazendo autores até então não publicados em português e, ao mesmo tempo, de aproximar estudantes de audiovisual interessados na pesquisa em roteiro com a produção contemporânea de conhecimento, de modo que possam desenvolver habilidades para além da escritura audiovisual, tais como a escrita acadêmica, fundamental no seguimento dos estudos de pós-graduação, e se aprofundar nos aspectos teóricos do campo dos estudos de roteiro.

O primeiro capítulo, de minha autoria, chamado "Pequena introdução à poética do roteiro audiovisual", parte de uma crítica à matriz estruturalista da poética do roteiro para introduzir uma nova abordagem ao estudo do processo de construção dos roteiros. O adjetivo "pequena", no entanto, não visa a enganar ninguém: trata-se de um destaque para o fato de que, à guisa de introdução, apresenta apenas superficialmente uma questão de grande profundidade – as transformações epistêmicas associadas à Pós-Modernidade – e se encerra com a aplicação dessa nova abordagem nos estudos de roteiro a partir de conceitos como a ideia audiovisual, apresentada neste capítulo e revelada em maior detalhe por seu autor, Ian W. Macdonald, um dos fundadores do supramencionado SRN.

O segundo capítulo, "O objeto que ainda não é um objeto: a ideia audiovisual", é baseado na conferência de abertura do VI Encontro Anual da Associação de Investigadores da Imagem em Movimento, em Portugal. Aqui, Macdonald desenvolve aprofundadamente o conceito de ideia audiovisual, que favorece uma compreensão do roteiro como um processo criativo contínuo, diacrônico, enfatizando um deslocamento do foco epistemológico do objeto documental para sua sucessiva transformação, acompanhando a superação da matriz estruturalista.

Em "Algumas posturas e trajetórias da pesquisa em roteiro", Steven Maras elabora um panorama temático e metodológico dos estudos de roteiro, campo com o qual ele contribuiu com dois livros seminais, o mais recente deles trazendo uma discussão urgente sobre ética no roteiro. Por meio de um mapeamento de assuntos e abordagens frequentes em nosso campo de estudo, Maras ajuda a situar novos estudos em relação a um corpo crescente de conhecimento que vem sendo produzido nas últimas décadas.

Outro dos mais importantes e prolíficos autores do campo, o australiano Craig Batty traz o quarto capítulo, "Desenvolvimento de roteiro como um *wicked problem*", escrito em parceria com Radha O'Meara, Stayci Taylor, Hester Joyce, Philippa Burne, Noel Maloney, Mark Poole e Marilyn Tofler, que apresenta uma perspectiva transdisciplinar ao trazer um termo presente

Apresentação

nos estudos de administração e arquivologia para a compreensão do posicionamento do roteiro no contexto do processo de realização audiovisual.

Encerrando a trinca australiana presente nesta coletânea, o que evidencia a relevância da produção acadêmica em nosso campo originada na Austrália, Kathryn Millard é a autora do quinto capítulo, "Após a máquina de escrever: o roteiro na era digital", publicado originalmente no *Journal of Screenwriting*, atualmente a mais importante revista acadêmica no campo. Em seu capítulo, Millard reitera o caráter processual do roteiro e ao mesmo tempo traça as origens formais de suas práticas textuais, como maneira de abordar as novas perspectivas poéticas que se surgem no horizonte.

Por fim, o sexto capítulo é de autoria da professora e pesquisadora chilena Carmen Sofía Brenes e intitula-se "Citações corretas e incorretas da *Poética* de Aristóteles na bibliografia atual de roteiro", um estudo detalhado sobre o uso indiscriminado e frequentemente abusivo de Aristóteles para legitimar as poéticas prescritivas que inundam os manuais e cursos de roteiro. Em 2014, Carmen organizou a primeira edição do congresso do SRN na América Latina, o que permitiu a muitos pesquisadores da região, como eu, participarem do evento pela primeira vez.

***

Roteiro audiovisual: estudos contemporâneos é fruto de um projeto multidisciplinar de extensão realizado em conjunto pelos Departamentos de Letras e de Comunicação da Pontifícia Universidade Católica do Rio de Janeiro, em parceria com a Editora PUC-Rio e as Edições Loyola.

O projeto foi desenvolvido entre setembro de 2020 e agosto de 2021, coordenado pelo roteirista e professor Rafael Leal, com a participação dos estudantes Maressa Fernanda Almeida da Silva e Rodrigo Prestes, do curso de Letras/Tradução, e Gabriela Lopes, Gustavo Grinspun, Luca Salgado da Silva Pereira, Maria Antônia Silveira Gonçalves, Maria Clara Vieira Fernandes e Sofia Badim, do curso de Comunicação/Cinema.

Agradecemos imensamente aos autores e editores dos artigos originais, que gentilmente cederam os direitos para que esta publicação fosse possível, e aos professores Tatiana Siciliano, Alexandre Montaury, Felipe Gomberg, Teresa Dias Carneiro e Marcia Martins, além de um incontável número de estudantes e funcionários, cujos esforços e contribuições são tão importantes quanto imensuráveis.

Desejamos que esta coleção cumpra seu papel seminal no desenvolvimento do campo dos estudos de roteiro no Brasil, estimulando roteiristas, estudantes e pesquisadores de roteiro a questionar os padrões e as fórmulas vendidos como naturais e a produzir roteiros e estudos em que nós possamos nos reconhecer.

Rafael Leal

Pequena introdução à poética do roteiro audiovisual

Rafael Leal

Quando falo em roteiro audiovisual, posso estar me referindo tanto ao documento que norteia uma produção audiovisual, quanto ao campo de estudos sobre esse documento e suas diversas implicações. Em espanhol, chamam de *guión* o documento e *guionismo* seu estudo e sua prática; o mesmo ocorre em inglês, com *script* ou *screenplay*, e *screenwriting*. Em português, no entanto, utilizamos o mesmo termo para ambos e isso deixa tudo complicado.

E quando falo em poética fica ainda mais complicado, porque poética é uma palavra com ainda mais significados e tempo de uso do que roteiro. Neste capítulo trato de delimitar e definir a poética como abordagem metodológica no campo dos estudos de roteiro.

Nos estudos de cinema e audiovisual, o roteiro ainda é pouco estudado, mas vem ganhando um espaço crescente na academia, dadas sua centralidade no processo criativo audiovisual e a expansão do universo conceitual do seu campo de estudos. Como objeto de estudo, o roteiro pode ser abordado de diversas maneiras: de seu papel no contexto da produção audiovisual a seus aspectos linguísticos, sociológicos ou narratológicos; pode ser lido por meio da análise do discurso ou tomado como documento histórico. E, como me interessa abordá-lo, por meio da poética.

No livro *A dona da banca: construção do roteiro piloto da série* (Leal e Olympio, prelo) e no artigo "Poética do roteiro audiovisual: uma abordagem fenomenológica para narrativas imersivas" (Leal, 2020), publicado em um dossiê especial da Revista *Moventes* sobre roteiro, aprofundo essa proposta metodológica que se tornou central na minha pesquisa, não só por ser roteirista profissional e ter minha reflexão teórica profundamente ligada à minha prática, mas também porque essa proposta será de fundamental importância para derrubar a matriz estruturalista que ainda domina os estudos de roteiro.

A poética de um meio é o estudo de uma determinada obra sob a ótica do *processo* de construção que a originou. Enfatizo o processo porque isso desestimula qualquer visão do roteiro como um objeto estático, como um documento morto, inerte, ao passo que incentiva tomá-lo numa acepção mais ampla, sistêmica e dinâmica, diacrônica e colaborativa, recursiva e não linear.

Ao longo do século XX, o advento da produção audiovisual em regime industrial levou à consolidação de certo formato de roteiro – que Kathryn Millard analisa no capítulo "Após a máquina de escrever: o roteiro na era digital", parte deste volume – e também à formação de uma poética centrada na lógica interna da obra audiovisual, cuja forma desejável deveria seguir os cânones da estrutura dramática, chamados por Ian W. Macdonald de *poética ortodoxa do roteiro*.

A partir de dois estudos realizados em 2002 e 2012 sobre 25 manuais de roteiro britânicos e norte-americanos, Ian W. Macdonald oferece um resumo do que representa na prática a poética ortodoxa do roteiro, um conjunto de crenças sobre o que seria a maneira correta de escrever obras audiovisuais, entre as quais ele destaca cinco: a adoção e sacralização da *Poética* de Aristóteles como base dos princípios de escrita; a citação acrítica de roteiros e obras relevantes como exemplos de boas práticas; aspectos relacionados à formatação do roteiro, ainda que com ampla variação regional; a valorização de outros manuais e gurus, formando um grupo literário bastante autorreferenciado; e, ao fim de uma lista que não se pretende exaustiva, a valorização do referencial teórico estruturalista (Macdonald, 2013: 45).

Outra maneira de dizer a mesma coisa: a poética do roteiro é o conjunto de práticas, métodos e modelos que informam o processo criativo dos roteiristas contemporâneos, e que lhes serve de referência na consecução de suas obras. Se por um lado a poética ortodoxa se tornou hegemônica, por outro lado os novos contextos de criação e fruição audiovisual têm exposto de maneira crescente sua inadequação na contemporaneidade, notadamente quando entram em cena as narrativas imersivas e interativas, em modalidades audiovisuais como a realidade virtual.

Esses novos contextos ensejam o surgimento de novas poéticas, que reiteram a necessidade de deslocar o foco epistemológico da obra para o processo de construção e recepção. Esse deslocamento se inscreve no contexto das novas teorias que têm interrogado a Modernidade, provocando profundos questionamentos sobre os tipos de conhecimento produzidos e, principalmente, sobre sua matriz estruturalista, de modo a dar conta da radical transformação contemporânea na maneira de produzir e consumir audiovisual.

Além disso, essa visão habilita a poética como uma possível abordagem nos estudos sobre desenvolvimento de roteiro, um campo que Batty et al. definem, em toda a sua complexidade, no capítulo "Desenvolvimento de roteiro como um *wicked problem*", que também faz parte deste volume. É importante destacar que o próprio termo *poética* foi escolhido como matriz metodológica em detrimento de outros, como *linguagem*, *estética* ou *narratologia*.

Lev Manovich (2001) adota o termo *linguagem* para descrever as convenções emergentes, os padrões recorrentes, as formas centrais do que ele chama de *novas mídias*, um conceito que inclui as narrativas imersivas e interativas que mencionei, embora abranja um conjunto muito mais amplo de modalidades. No entanto, Manovich faz a ressalva de que isso não aponta para qualquer unicidade das linguagens em tais mídias, tampouco sinaliza qualquer abordagem semiótica ou estruturalista em sua análise. Ao ponderar que a maior parte dos estudos de novas mídias e cibercultura focam em aspectos sociais, políticos e econômicos, ele preferiu o termo *linguagem* em detrimento de *estética* ou *poética*, porque

> a Estética implica um conjunto de oposições que eu gostaria de evitar, entre arte e cultura de massa, entre o belo e o feio, entre o valioso e o desimportante. A Poética também traz conotações indesejáveis [...] tendo sido definida nos anos 1920 como o estudo de propriedades específicas de artes em particular, tal qual a Literatura narrativa (Manovich, 2001: 38).

O que Manovich considera indesejável me parece perfeitamente cabido, uma vez que aproxima as experiências do roteirista com a de seus pares na literatura, esvaziando a discussão bizantina sobre o caráter literário dos roteiros, e, por outro lado, somando esforços no sentido de combater o isolamento do pensamento em roteiro em relação às outras humanidades, especificamente a literatura. Sempre que me perguntam minha visão sobre roteiro ser ou não literatura, respondo lacônico: os meus são.

A poética do roteiro tem consolidado suas propostas metodológicas que aproveitam referenciais oriundos dos estudos literários – partindo deles para ultrapassá-los, ao agregar ao estudo do processo poético os elementos específicos do audiovisual – em detrimento das referências emanadas da sociologia ou da história que surgem com frequência nos estudos de cinema e audiovisual, ou de uma abordagem meramente narratológica.

A abordagem narratológica considera a obra como um objeto unívoco, em que as convenções, os elementos e as estruturas do roteiro são tomados apenas no âmbito interno da obra, sem abordá-la também como fenômeno, desconsiderando o corpo que a experimenta, ou as práticas da modalidade na qual a obra se inscreve, isolada de outras áreas da cultura e do pensamento.

Por outro lado, a poética parte da gênese da obra em direção às suas superfícies, de suas primeiras fixações em suporte material à sua fruição, ao ponto de fricção entre a linguagem intencional do autor e a experiência encarnada do leitor-espectador, com o objetivo de promover conexões que permitam aumentar o entendimento sobre o complexo ofício da escrita audiovisual, tanto em seu aspecto pragmático quanto no contexto das humanidades.

A controvérsia estruturalista

Em 1966, no mesmo ano em que tem início a Revolução Cultural na China, outra onda epistemológica percorre o Ocidente. Naquele ano, a Universidade Johns Hopkins deflagrou uma série de conferências internacionais a respeito de "As linguagens da crítica e as ciências do homem", da qual participam centenas de pesquisadores – entre os quais se destacam Lacan, Barthes, Derrida e Todorov, para mencionar alguns expoentes – que ali se debruçaram sobre o estruturalismo e seus impactos sobre os métodos críticos das humanidades.

Quatro anos depois, Richard Macksey e Eugenio Donato organizaram e publicaram uma coletânea de textos eminentes dessa série, nomeada "A controvérsia estruturalista", em cuja introdução ponderam que embora a herança intelectual do estruturalismo fosse evidente, já nas conferências da Johns Hopkins "havia provas de que se seguiria um momento de desconstrução teórica. Tinham começado a surgir espaços não só entre campos próximos, mas também na matriz conceitual das próprias 'estruturas'" (Macksey e Donato, 1971: 9).

Perceberam então o curso de uma mudança nos paradigmas do pensamento ocidental, que explorou suas fissuras até ruir com uma das bases do sistema científico até então: a noção de que a natureza se dá a conhecer por meio de um número limitado – portanto possível de ser inventariado à sua totalidade – de estruturas fixas, de modo que revelar seu mecanismo oculto, classificando suas variações possíveis, tenha sido o grande objetivo do empreendimento científico.

Essa mudança percorre as humanidades como uma onda: na matemática, Georg Cantor demonstrou que o sistema euclidiano não era capaz de lidar com números infinitos e assim instalou uma rachadura em uma sólida carcaça de totalidade que já durava dezenove séculos. Total me parece aqui a palavra-chave, estando na raiz da noção de *Gesamtkunstwerk* – a obra de arte total sonhada por Richard Wagner no século XIX, e paulatinamente desconstruída ao longo do século seguinte a ponto de ser posta em questão até mesmo a natureza da representação e do drama. Por tal crise já haviam passado as artes visuais, libertadas da representação pela arte abstrata de Mondrian e sua proposta de um retorno à gramática elementar da pintura (a linha, a forma, a cor), e o teatro, com a acentuada desconstrução da cena e do drama no esteio do fim da Segunda Guerra Mundial.

Englobadas no que se convencionou chamar de virada linguística, essas transformações epistemológicas partilham de uma tradição emergente permeada transdisciplinarmente pela linguística – um reconhecimento de que não é possível conceber sujeitos e objetos descolados de sua dimensão como fenômeno, separados do mundo, que não sejam atravessados pelos vetores da contingência histórica, econômica, política. E mais: tudo inserido no contexto de relações que se expressam por linguagens estruturadas, cuja aplicação específica – seus modos e maneiras – não pode ser desconsiderada como parte do próprio discurso da obra. Trocando em miúdos, em lugar da análise do conjunto de elementos invariantes arranjados de modo a produzir um sentido específico, o que corresponde à visão estruturalista suplantada, a partir dessas transformações, sujeitos – autor e leitor/espectador/interator – e objetos – a obra de arte em si – não se consideram fora de sua relação linguística.

Essa mesma tradição, a partir dos anos 1960, começa a questionar suas bases estruturalistas e a própria noção de sujeito – sólida e robusta no centro do pensamento europeu desde o Iluminismo. Pensadores como Derrida, Foucault e Barthes, por exemplo, cujos primeiros trabalhos estão ainda impregnados da matriz estruturalista, caminham em direção a certa perspectiva que reconhece o estatuto do sujeito linguístico e a complexidade dos seus fenômenos, recusando-se a uma lógica positivista ou taxonomista.

Esta pequena digressão sobre a Pós-Modernidade tem a função de evidenciar a grandiosidade da transformação do pensamento ao largo da qual a poética do roteiro audiovisual tem passado, especialmente no Brasil. No campo dominado pela lógica prescritiva dos manuais de roteiro, em escassas obras disponíveis em português, o estruturalismo viceja como matriz do pensamento, e a poética ortodoxa é base do ensino de roteiro em cursos livres e universidades, inquestionada como forma e método, repetida à exaustão, carregada de clichês e fórmulas cristalizadas em sua busca por uma suposta forma perfeita e universal. Gosto de estender ao roteiro o chilique de David Bordwell (1989: 387): "a poética da literatura há muito tempo é terreno de taxonomias estéreis e prescrições dogmáticas".

Numa análise superficial dos manuais de roteiro que fazem parte da bibliografia básica das disciplinas que ministro na PUC-Rio, é possível perceber a primazia da estrutura como pedra fundamental do processo criativo. Escritos num período de trinta anos, os livros de Syd Field, Doc Comparato, Robert McKee e Pamela Douglas concordam na eleição da estrutura como elemento central do processo criativo em roteiro, guardadas as especificidades da modalidade de escrita. Embora não façam apologias explícitas a ideias caras ao estruturalismo, com exceção de McKee, estes autores parecem imunes à crítica a essa matriz de pensamento nos outros campos das humanidades.

Syd Field, autor do clássico *Manual de roteiro* (1979), inicia seu livro perguntando-se o que é um bom roteiro, a partir das centenas que havia lido como parte de seu emprego. Para ele, o bom roteiro – uma raridade num oceano de obras descartadas pela indústria – "possui certos componentes conceituais básicos [...] expressos dramaticamente dentro de uma estrutura definida" (Field, 1979: 15). Título e subtítulo de seu primeiro capítulo revelam sua matriz estruturalista: "O que é um roteiro?" segue-se por "Em que apresentamos o paradigma da estrutura dramática." Para ele, essa estrutura linear é "a forma do roteiro, que sustenta todos os elementos do enredo no lugar" (Field, 1979: 2).

Da criação ao roteiro (1984) é o principal manual de roteiro brasileiro, tanto pelo pioneirismo quanto por sua ampla adoção no ensino de roteiro no Brasil e nos países de língua espanhola. Escrito por Doc Comparato, o livro é baseado na experiência do autor como roteirista e no livro de Syd Field, recorrentemente citado. Recheado de classificações e categorizações, Doc afirma que o roteiro "é uma construção que obedece a uma estrutura lógica" (Comparato, 1984: 21) e pouco adiante define estrutura como "o esqueleto formado pela sequência de cenas" (Comparato, 1984: 25).

Por sua vez, já na introdução de seu comercialmente bem-sucedido *Story* (2006), Robert McKee não esconde a que veio: "*Story* é sobre formas eternas e universais" (McKee, 2012: 17). Incapaz de enxergar a relação entre autor, obra e espectador fora de uma perspectiva hierárquica, centrada na obra e em seus elementos *invariantes*,[1] McKee define estrutura como "uma seleção de eventos da estória da vida das personagens, compostas em uma sequência estratégica para estimular emoções específicas, e para expressar um ponto de vista específico" (McKee, 2012: 45).

A metodologia criativa descrita no livro de Pamela Douglas, *Writing the TV Drama Series* (2011), em meio a dicas de como "entrar no mercado" norte-americano, parte da premissa de que "dramas de uma hora – especialmente séries do horário nobre dos principais canais – seguem um modelo geral [...] que permite libertar a criatividade do autor ao liberá-lo da preocupação se o esqueleto subjacente se sustentará" (Douglas, 2011: 83). Por tal modelo geral ela se refere à estrutura de três a seis atos, sobre a qual a história é informada (recebe forma), tal qual um esqueleto genérico capaz de ficar de pé sozinho, pronto para ser estufado com as carnes da narrativa.

Nos estudos anteriormente citados, Macdonald analisa apenas autores de língua inglesa,[2] cujos trabalhos se amparam largamente na matriz estruturalista. No entanto, muitos destes autores, principalmente suas obras mais recentes, não se encontram disponíveis no idioma nacional, limitando sua presença na escassa (ainda que em expansão) produção científica contemporânea na área de estudos de roteiro no Brasil. Este é um panorama que o presente volume pretende ajudar a combater.

Em decorrência disso, pesquisadores brasileiros costumam recorrer a autores de outros campos disponíveis em português – principalmente os formalistas russos – de modo a justificar a suposta hierarquia da forma sobre o conteúdo que fundamenta a perspectiva ortodoxa dos manuais de roteiro.

---

1 Termo proposto por Vladimir Propp e definido adiante.
2 Macdonald cita Wayne Booth, Northrop Frye e Kenneth Burke como exemplos das raras menções a textos acadêmicos nos manuais de roteiro.

Entre tais autores, destaco Vladimir Propp e seu clássico *Morfologia do conto*, publicado originalmente em 1928. A partir da análise de mais de quatro centenas de contos folclóricos russos, Propp crê que as narrativas são decomponíveis em elementos estruturantes menores, cuja combinação – em suas infinitas variações – produz as diferentes narrativas. Ele estabelece a existência de elementos constantes, que chama de "invariantes", cuja correlação constitui a estrutura da narrativa. É importante ressaltar que Propp busca promover uma análise não substancial, mas formal do sentido; não um inventário de formas, mas um inventário das relações que se estabelecem entre as formas possíveis. Em outras palavras, o objetivo de Propp é traçar um estudo das partes constitutivas da narrativa, a partir da relação que estabelecem entre si e com o conjunto, buscando o mesmo grau de objetividade (e de totalidade) potencialmente apresentado pelos estudos morfológicos nas ciências naturais.

Assim como Propp, os manuais de roteiro se fundamentam na coerência interna da obra, tomada como ente autônomo. Nenhum destes manuais menciona a quem os roteiros – e as obras que deles derivam – se destinam, tampouco se preocupa com os meios técnicos da fruição destas obras. Não dão conta da espectatorialidade e não enxergam o espectador como um sujeito emancipado, como um leitor livre, tão importante no processo ativo de construção de significado quanto o autor, fora da hierarquia totalizante imaginada pelos românticos e repetida até hoje em livros dedicados a ensinar a escrita de obras audiovisuais. Em total descompasso com a própria teoria do cinema, não pensam no espectador para além da limitada noção de público-alvo.

Essa visão anacrônica se baseia na dicotomia entre corpo e mente, isolando, conceitual e produtivamente, as etapas de concepção e execução. O roteiro é tomado então como um processo mental, ao passo que a execução e a recepção são tomadas como processos corporais, de modo que caberia à mente organizar e codificar o texto artístico, aos corpos caberia realizar a execução audiovisual do texto artístico e, no caso da recepção, decompor o texto artístico captado por meio dos sentidos, decifrando sua mensagem oculta. Trata-se, portanto, o roteiro como uma obra fechada, uma planta baixa que contém as instruções precisas para a construção de outra obra tal qual imaginada por seu autor, encerrado em momento anterior à realização e cuja transformação referente ao próprio processo produtivo não é pensada como pertencente ao campo do roteiro.

Nos últimos anos, o advento de uma nova geração de narrativas que expandem o campo do cinema e do audiovisual, como videogames e experiências de realidade virtual, tem exposto a fragilidade da poética ortodoxa do roteiro para informar o processo produtivo dessas obras. Ao mesmo tempo, pesquisadores de roteiro ao redor do mundo reunidos em torno da associação Screenwriting Research Network e do *Journal of Screenwriting*, principal revista acadêmica do campo, têm proposto abordagens conceituais que renovam a poética e as maneiras de se pensar o roteiro.

Novas poéticas

Pensar uma nova poética – que não se fundamente na primazia da estrutura sobre a substância, e portanto não seja estruturalista; que não se fie num inventário finito de formas, possível de ser conhecido e classificado em sua totalidade, e portanto não seja taxonômica; que não se ocupe de descrever ou alcançar o Belo, e portanto não se confunda com a estética; que não se dedique a propagar boas práticas ou fórmulas de escrita, e portanto não seja prescritiva – requer dar um passo atrás e, numa reflexão ontológica, questionar o que é um roteiro e investigar a natureza de sua centralidade no processo de produção audiovisual.

Um roteiro é um documento paginado contendo a descrição textual dos sons e imagens destinados à produção de uma obra audiovisual. Formas mais narrativas, como as ficções, evocarão imagens com mais precisão, ao passo que noutras formas a descrição será mais referente ao dispositivo, ao mecanismo pelo qual as imagens e sons serão produzidos. No entanto, no contexto das práticas audiovisuais brasileiras, inclusive as que escapam do conceito de indústria, tal definição é capaz de abarcar uma imensa variedade de formatos de roteiro destinados a uma miríade de modalidades audiovisuais, e ademais não difere muito de outras definições, como a trazida por Ian W. Macdonald.[3]

Macdonald define *screenplay* como "um termo genérico para qualquer documento que delineie a narrativa audiovisual", ao passo que o diferencia

---

[3] Outros autores que oferecem e problematizam a definição de roteiro são Steven Maras (2009), Kathryn Millard (2010) e Steven Price (2010).

de *script*, termo que emprega para "enfatizar a natureza formal escrita deste documento". A este conjunto ele agrega o termo francês *avant-texte* para se referir à "coleção de documentos criados durante o desenvolvimento da *ideia audiovisual*" (Macdonald, 2013: 10), um conceito que será abordado mais extensivamente adiante, de importância central por permitir tomar a criação como um processo em vez de focar nos documentos que cristalizam o estágio de desenvolvimento da ideia em um determinado momento. No Brasil, os dois primeiros termos se misturam na palavra *roteiro*, que frequentemente inclui também, de maneira imprecisa, os documentos do *avant-texte*.

Nesse sentido, retomo a definição proposta para analisá-la de trás para a frente, de modo a revelar seu processo de composição e discutir os elementos ontológicos que caracterizam um roteiro como tal. De início, *destinado à produção de uma obra audiovisual*, traz o componente teleológico e aborda uma discussão frequente no campo dos estudos de roteiro, com visões tidas como antagônicas sobre ser o roteiro um texto autônomo, tal qual uma modalidade literária, ou uma obra intermediária, destinada ao descarte uma vez cumprida sua função. A partir da minha prática como roteirista, afirmo que não faz sentido tomar como roteiro algo que não seja destinado ao audiovisual, não porque não seja roteiro, mas porque ao não fazer parte da cadeia de produção do audiovisual, como um roteiro escrito e destinado ao mercado editorial, por exemplo, terá um processo produtivo ligado mais à literatura do que ao cinema. Dessa maneira, o elemento teleológico – que reforça a visão do roteiro como obra intermediária – torna-se inegável, tornando impossível dissociar o roteiro da causa final a que se destina. Ao mesmo tempo, ainda que essencialmente ligado à obra audiovisual cujo devir ali está contido, não há nada em um roteiro que impeça sua fruição literária, sequencial, com o mero intuito de apreender seu conteúdo, seja com finalidade de entretenimento, pesquisa ou apreciação artística.[4]

O segundo elemento da definição é a *descrição textual dos sons e imagens*, que revela duas questões importantes: em primeiro lugar, a aproximação entre palavra escrita (textual) e audiovisual (sons e imagens) explicita o entrelugar em que o roteiro se encontra. Embora escrito em palavras, o roteiro é um texto cuja leitura objetiva evoca imagens e sons mentais, que

---

4 Para uma discussão mais aprofundada sobre roteiro e literatura, recomendo o trabalho de Steven Maras (2009).

por sua vez objetivam orientar a imaginação partilhada de uma obra audiovisual por vir. Em segundo lugar, mas não menos importante, reitera o caráter descritivo do roteiro. Uma vez que suas palavras possuem também a função de orientar a câmera (ou dispositivo equivalente de produção de imagens), a forma do roteiro abriga instruções que possam ser captadas por ela – a câmera pode filmar gestos, expressões, movimentos, falas etc., mas a tecnologia atual não permite alcançar pensamentos, sentimentos, odores ou devires, por exemplo. Dessa maneira, tais elementos precisam ser materializados em elementos visuais e sonoros para que possam integrar a obra audiovisual: em outras palavras, cabe ao roteirista externalizar aquilo que é interno, em termos cênicos, para que tal informação possa ser transmitida adiante na produção e na fruição da obra.

Além disso, faço uma importante ressalva: roteiros mais ortodoxos, especialmente na ficção, trarão exclusivamente descrições visuais e sonoras, ao passo que outras formas poderão trazer outros modos textuais, como os dispositivos narrativos em roteiros documentais em adição às necessárias descrições.

Em seguida, o termo *paginado* diz respeito a duas características do roteiro tradicional: a ordem sequencial e linear, que não apenas indica certa maneira de fruição, mas também expõe a natureza linear das obras a cuja produção se destina; adicionalmente, traz uma correspondência ao formato gráfico das páginas impressas, como o padrão A4[5] adotado no Brasil, uma vez que a produção utiliza a página como medida em diversos aspectos,[6] o que por si só revela seu papel como base em um ordenamento analógico da produção.

Por fim, dedico especial atenção ao termo *documento*, que compartilha o radical latino *docere* com a família da palavra *docência*, uma curiosidade etimológica que ressalta sua função de informar, ensinar, transmitir adiante o conhecimento sobre a obra audiovisual a ser produzida. Seja um arquivo eletrônico, também chamado de documento por muitos editores de texto, seja um conjunto de anotações a lápis orientadas à produção de uma obra audiovisual, as definições de roteiro exploradas trazem em comum o aspecto

---

5   Ou o padrão Carta, adotado em outros países.
6   Na indústria audiovisual brasileira, frequentemente o documento chamado de Ordem do Dia (no cinema) ou Roteiro de Gravação (na dramaturgia televisiva) expressa o tamanho das cenas a serem gravadas em oitavos de páginas.

material do texto, sua fixação sobre um suporte, sobre o qual potencialmente dará origem a um processo de produção audiovisual. Além disso, como o documento é uma forma textual que permite diferentes versões, o que é de fato frequente no processo criativo do roteiro, fica reiterada sua capacidade de se referir a um instante específico do processo, o retrato do estado de arranjo dos elementos textuais em um determinado momento.

No entanto, nem sempre foi assim. Não pretendo aqui oferecer uma definição eterna e universal de roteiro, uma vez que sua forma e natureza são produtos históricos e culturais, inseridos em um contexto específico – no caso, restrinjo minha análise ao panorama contemporâneo da produção audiovisual no Brasil, e por extensão, da indústria norte-americana, cujos paradigmas de pensamento e ação têm exercido influência considerável sobre a poética brasileira. Outros sistemas poéticos, sejam distantes por motivos geográficos ou temporais, frequentemente produzirão documentos formalmente distintos, inclusive podendo chegar a graus tão extremos de distinção que um leitor contemporâneo dificilmente reconheceria tais textos como roteiros.[7]

Genealogia do roteiro padronizado

A forma hegemônica atual dos roteiros de ficção[8] preserva características relativas às condições históricas de seu surgimento, no contexto da indústria americana, e, como aponta Janet Staiger,[9] tem sua ascensão a partir de 1955, quando o que se chama de *empacotamento* tornou-se o modelo dominante naquele contexto. Originado do inglês *packaging*, este termo se refere a uma prática dos produtores de vincular à obra um conjunto de talentos criativos específicos, tais como atores, diretores e roteiristas, garantindo contratualmente sua participação na execução caso a obra venha a ser realizada. Esse sistema, pondera Staiger, favorece a adoção do roteiro como uma maneira de atrair e vincular talentos a um projeto ainda em busca de condições de financiamento e produção (Staiger apud Bordwell, 1985: 330).

---

7   Um exemplo disso são os roteiros de Dziga Vertov, entre muitos outros, analisados por Alexandra Ksenofontova no livro *The Modernist Screenplay: Experimental Writing for Silent Film* (2021).
8   Para uma análise detalhada da evolução do roteiro como forma documental, recomendo também o seminal livro de Steven Maras (2009).
9   De acordo com Staiger, a adoção da narrativa ficcional remonta a discussões ocorridas nos primeiros anos da década de 1910 e diz respeito à qualidade da obra oferecida – uma discussão que retomarei logo adiante.

No Brasil, a falta de estudos sobre o roteiro tem sido crônica e os poucos estudos existentes[10] me parecem isolados – conceitual e metodologicamente – da produção acadêmica internacional do campo, recorrendo frequentemente a referenciais da teoria do cinema, da literatura ou da comunicação para suas análises. Além disso, agravando o panorama, a preservação dos roteiros também é precária, oferecendo aos pesquisadores uma quantidade limitadíssima de material de arquivo e ajudando a manter um véu de obscuridade sobre a obra de roteiristas prolíficos e emblemáticos como Cajado Filho e Leopoldo Serran. Isso reflete o baixo grau de importância atribuído historicamente ao roteiro no processo de produção de filmes no Brasil.

Se por um lado as características do roteiro são resultados de adaptações às necessidades de indústrias locais, o modelo hegemônico norte-americano tem exercido grande influência nas poéticas nacionais.[11] A partir dos anos 1980, o pensamento dos principais autores de manuais de roteiro começa a chegar ao Brasil com mais consistência – com o já mencionado Syd Field, por exemplo, cujo livro seminal é publicado em 1979 e consiste na principal matriz teórica de *Da criação ao roteiro* (1984), livro de Doc Comparato que inaugura a tradição brasileira dos manuais de roteiro. Em 1998, o roteirista Hugo Moss publica seu *Como formatar seu roteiro*, que ajuda a popularizar no Brasil a formatação hegemônica na indústria norte-americana, chamada por ele de *Master Scenes* (Moss, 1998: 1). Esse livreto foi produzido após o Laboratório Sundance de Roteiros, em 1996, em que surgiu entre os participantes uma crítica geral a respeito da falta de padronização da formatação, e visa a oferecer padrões estilísticos e formais que orientem roteiristas na adoção do formato ortodoxo.

Para Moss, se por um lado a padronização dos roteiros traz a desvantagem de uma limitação ao roteirista, as vantagens compensariam com grande

---

10 Entre os poucos estudos relativos a roteiristas brasileiros e aspectos poéticos de seus roteiros, aponto o artigo "Contribuição a uma história do roteiro", de Hernani Heffner (2012), bem como as dissertações de mestrado *Argumento e roteiro: o escritor Alinor Azevedo*, de Luís Alberto Rocha Melo (2006), *Um filme de...: argumentos e estratégias para uma política do roteirista-autor*, de Cláudia Mattos (2010), e *Roteiros de cinema no Brasil: estruturas e formas na escrita das décadas de 1920 e 1930*, de Victor Vinícius (2017).

11 Maras reconhece que nem todas as formas de escrita audiovisual são equivalentes, e que buscar uma acepção expandida não significa homogeneizá-la. Ele alerta para o fato de que há tradições de escrita audiovisual próprias de cada nação, apesar do amplo reconhecimento da centralidade da prática norte-americana, que não se limita aos EUA, e em relação à qual roteiristas no mundo inteiro desenvolvem suas ideias, em aproximação ou afastamento dessa poética.

folga. Para ele, o fato de o leitor fruir o roteiro por meio de uma linguagem que lhe é familiar permite que ele não necessite acostumar-se com um estilo totalmente novo, o que concorreria com a atenção dispensada às primeiras páginas; também permite, como visto anteriormente, estimar a duração da narrativa audiovisual ali inscrita, na razão de uma página por minuto; por fim, Moss entende que a aplicação dessa forma leva o roteirista a dedicar-se à trama do filme, evitando considerações sobre a câmera e a montagem, que para ele só servem para distrair o autor de sua principal função dele: contar a história (Moss, 1998: 1).

A informatização da edição de textos e a popularização dos programas de roteiro, como o próprio Final Draft e o pioneiro Celtx, que em suas primeiras versões também trazia integrados componentes de planejamento e pré-produção, contribuíram com a aceleração de tal adoção. Com a padronização da formatação aplicada a cada modo textual presente no roteiro – cabeçalho, ação, personagem, diálogo e transição – e a exportação de arquivos PDF,[12] os programas de roteiro traçaram uma linha divisória no que é entendido ou não como um roteiro profissional.

No artigo "The Screenplay as Boundary Object" (2019), Rosamund Davies propõe analisar o roteiro a partir do referencial teórico do *objeto de fronteira*[13] – um conceito proposto pelos sociólogos Susan Leigh Star e James R. Griesemer:

> Objetos de fronteira são objetos plásticos o suficiente para se adaptarem às necessidades locais e restrições das várias partes que os empregam, mas robustos o suficiente para manter uma identidade comum entre os locais. [...] Eles têm significados diferentes em mundos sociais diferentes, mas sua estrutura é comum o bastante a mais de um deles, para que sejam reconhecíveis, um meio de tradução. A criação e o gerenciamento de objetos de fronteira são essenciais para o desenvolvimento e manutenção da coerência entre mundos sociais que se cruzam (Star e Griesemer, 1989: 393).

---

12 *Portable Document File,* ou arquivo de documento portátil, formato desenvolvido pela Adobe em 1993 cuja principal característica é manter a apresentação de texto e imagem na formatação original, independentemente do programa, do equipamento ou do sistema operacional em que seja exibido. A adoção do PDF como padrão para o roteiro audiovisual, a meu ver, indica a opção pela manutenção de uma formatação consolidada.

13 Em inglês, *boundary object.*

Embora o conceito originalmente se aplicasse ao contexto de uma análise do tráfego de informações entre os setores do Museu de Zoologia Vertebrada de Berkeley, Davies traça um paralelo relevante com o processo de desenvolvimento de roteiro audiovisual, aplicando "a noção de objeto de fronteira [...] para uma ampla gama de abordagens e formatos de roteiro, e não apenas ao padrão industrial" (Davies, 2019: 162). Uma das características do roteiro que leva Davies a considerá-lo um objeto de fronteira é sua capacidade de permitir que diferentes grupos trabalhem juntos na ausência de um consenso, o que Star considera um elemento central do conceito, por meio de sua "flexibilidade interpretativa" (Star, 2010: 602).

Se, por um lado, há que se considerar os processos que levaram à consolidação das formas contemporâneas de roteiros adotadas e preservadas em função de sua eficiência na colaboração entre as equipes envolvidas, por outro, Davies ressalta o questionamento de Star a respeito da padronização, para quem esse fenômeno também traz problemas que residem frequentemente mais naquilo que ela logra excluir: "materiais e abordagens são rejeitados ou desconsiderados porque não se adaptam a seus parâmetros" (Davies, 2019: 154).

No Brasil, o roteiro é documento obrigatório para a inscrição de projetos audiovisuais de ficção em editais públicos de financiamento da produção e frequentemente é quesito relevante na avaliação dos méritos artísticos do projeto, que se somam às análises da capacidade gerencial da produtora, do currículo dos profissionais criativos arregimentados para a determinação da pontuação classificatória dos projetos. Alguns editais chegam a especificar que o roteiro deva ser submetido no formato *Master Scenes*,[14] o que significa a exclusão de roteiros que destoem de tal padrão. Uma vez que essa formatação hegemônica é usada para definir o que *parece* ou *não parece* um roteiro, o que está na raiz da ênfase dada em cursos de roteiro aos aspectos formais e na própria natureza dos programas de roteiro, tudo aquilo que se diferencia em sua materialidade é desconsiderado como pertencente à modalidade textual do roteiro, ainda que atenda em diversos aspectos à definição anteriormente proposta de roteiro. Mais do que implicações teóricas, tal exclusão possui efeitos práticos na trajetória de uma narrativa das páginas às telas.

---

[14] Um exemplo é o Concurso Novos Roteiros Originais – Edição Brasil, realizado em 2020 pela Organização dos Estados Iberoamericanos (OEI) em parceria com a Secretaria do Audiovisual (SAv) ligada à Secretaria Especial de Cultura.

A profissionalização das equipes técnicas envolvidas na produção audiovisual, seja no campo da realização ou da análise e financiamento de projetos, e a demanda crescente por mão de obra especializada aparecem como fatores que estimulam a padronização da forma do roteiro, de modo que as equipes possam ter a segurança de analisar um objeto textual, o roteiro, escrito segundo regras previamente conhecidas por todos, envolvidos num acordo tácito da tradição industrial da escrita audiovisual, sem ter que se adaptar a uma nova forma ou a um estilo, como o caso do leitor levantado por Moss (1998: 1).

É a partir do roteiro que tais equipes técnicas, como arte, fotografia e produção, "produzirão objetos de fronteira mais fortemente estruturados, relacionados ao roteiro embora mais ajustados às suas necessidades" (Davies, 2019: 154).

Rosamund Davies aponta como exemplos desses documentos adjacentes ao roteiro as planilhas financeiras, os orçamentos, as decupagens, os *storyboards*, os roteiros de filmagem, a lista de objetos cênicos, entre outros. Além disso, ela acrescenta que "os subgrupos envolvidos em projetos coletivos de grande escala tendem a gerar versões específicas" (Davies, 2019: 151), que, no caso do roteiro audiovisual, podem se destinar a distintas funções e leitores, como é o caso dos roteiros de venda, utilizado para levantar financiamento e assegurar uma equipe (empacotamento); de produção, cuja função central é orientar a estimativa e o planejamento da produção; ou de filmagem, que visa a orientar as equipes no ato da filmagem e consequentemente possui mais instruções técnicas.

A visão proposta por Rosamund Davies representa um passo na direção de tomar o objeto de estudo em seu uso prático,[15] como parte do processo de desenvolvimento de roteiros e não apenas como uma obra autônoma e unívoca, dona de uma coerência interna que se basta em si:

> o roteiro, tanto em sua forma conceitual quanto na material, possibilita um espaço compartilhado nos limites entre as esferas habituais de prática entre todos esses colaboradores, o que pode possibilitar um "meio de tradução" entre eles ao longo de seu trabalho rumo à realização da ideia audiovisual (Davies, 2019: 152).

---

15 Para uma discussão mais profunda sobre o problema do roteiro como objeto de estudo do campo de estudos do roteiro, recomendo Macdonald (2016) e Maras (2009, 2011).

Dessa maneira, esse conceito dialoga diretamente com outros dois conceitos da poética contemporânea – ideia audiovisual e escritura audiovisual – que buscam dar conta da dimensão diacrônica do roteiro, como processo, ao contrário da poética tradicional, centrada no documento roteiro, que se mostra incapaz de abarcar o que acontece antes do primeiro tratamento do roteiro ou entre os sucessivos tratamentos.

Do zero à tela

O primeiro desses conceitos é o de *ideia audiovisual*, proposto por Ian W. Macdonald em seu seminal *Screenwriting Poetics and the Screen Idea* e desenvolvido didaticamente no capítulo "O objeto que ainda não é um objeto: a ideia audiovisual", parte deste volume. O autor o concebe para referir-se a "qualquer noção sustentada por uma ou mais pessoas de um conceito singular [...] destinado a se tornar uma obra audiovisual, seja ou não possível de ser descrito em forma escrita" (Macdonald, 2013: 4). Posto de outra maneira, a ideia audiovisual traz os elementos essenciais da futura obra audiovisual para que possam ser discutidos, desenvolvidos, negociados por todos aqueles profissionais envolvidos no processo criativo,[16] incluindo os roteiristas, "ainda que evidentemente possa nunca ser a mesma ideia, que nunca estará completa" (Macdonald, 2013: 5), tornando-se assim uma "expressão da pluralidade das vozes em seu desenvolvimento" (Macdonald, 2013: 20).

No contexto dos estudos de roteiro, ao ensejar o deslocamento do enfoque do documento para o processo criativo mais abrangente, a noção de ideia audiovisual é uma ferramenta teórica que permite abarcar não apenas o conjunto de textos produzidos no contexto da criação, entre os quais se inclui com destaque o roteiro, mas também as práticas – sejam elas de natureza social, econômica, industrial ou cultural – e os procedimentos da escrita audiovisual a partir de uma ampla gama de possíveis perspectivas de interpretação.

Para Macdonald (2013: 5), "a ideia audiovisual pode ser gravada ou registrada, formal ou informalmente, ainda que não precise ser; e, como a produção é um processo dinâmico, a ideia audiovisual passa por mudanças

---

16 Ian W. Macdonald nomeia como *grupo de trabalho da ideia audiovisual* (ou em inglês SIWG, *Screen Idea Work Group*) o conjunto de pessoas que colaboram no processo de realização de uma obra audiovisual.

ao longo do processo". Isso significa que componentes imateriais, como uma leitura preliminar do roteiro com o elenco, se somam aos documentos criativos, como o conjunto de tratamentos do roteiro, o que Macdonald chama de ideia audiovisual. Uma imagem que utilizo em minhas aulas é a de cada tratamento como um fotograma do processo de desenvolvimento, um retrato estático de um processo dinâmico, uma versão da ideia audiovisual num dado instante, tal qual a obra audiovisual final – o filme, o episódio etc. em sua versão de exibição ao espectador.

A ideia audiovisual é um dos conceitos fundacionais do campo de estudos de roteiro, citado e discutido em um grande número de trabalhos científicos, evidenciando a importância de Ian W. Macdonald no campo – tanto acadêmica quanto política – não apenas no estabelecimento de uma metodologia própria para os estudos de roteiro, mas também pelas pontes construídas com outras áreas do conhecimento. Um exemplo disso é a relação, que me parece bastante cabida, entre sua obra e o pensamento de Roland Barthes, notadamente o conceito de escritura, capaz de tratar não apenas da obra literária mas também do texto, o processo de construção de sentido que nasce com o autor (ou os autores) e se estende pelo processo de fruição, uma relação dialética que envolve necessariamente o espectador.

A escritura barthesiana é particularmente importante na escolha da tradução para a palavra *scripting*, nome do segundo conceito da poética contemporânea de que trata este capítulo – proposto pelo pesquisador australiano Steven Maras. Embora seja um substantivo, na raiz etimológica de *scripting* está o gerúndio do verbo *to script*, que significa em inglês o ato de escrever um roteiro, frequentemente traduzido como roteirizar, verbo pelo qual não nutro qualquer simpatia. Sendo o gerúndio uma forma nominal do verbo usada para expressar uma ação prolongada ou continuada, o autor busca ressaltar: "um dos aspectos úteis de conceito de *scripting* [...] é que ele é altamente processual, e portanto resiste à separação entre o produto (o roteiro) e as práticas de composição que o apoiam" (Maras, 2009: 21).

Para tanto, resisto a utilizar a palavra *roteirização* para o conceito a que *scripting* se refere, e opto por traduzi-lo como *escritura audiovisual*, evocando a tradição que exploram Barthes e, como aponta Maras, também o filósofo Jacques Derrida, que observa em seu *Gramatologia* (1976) o fato de palavras como *cinematografia*, *coreografia* e *fotografia* partilharem em sua raiz etimológica o sufixo -grafia, que significa justamente *escrita* (Derrida apud Maras, 2009: 21).

Dessa maneira, escritura audiovisual, no sentido atribuído por Maras, pode se referir tanto ao fenômeno de escrever para a tela, ao encadear palavras num roteiro audiovisual, quanto ao ato de escrever sobre a tela, inscrevendo signos imagéticos e sonoros no processo de construção (e, portanto, de escritura) da obra. Isso equivale ao que afirma o lendário diretor de fotografia italiano Vittorio Storaro, para quem filmar é "escrever com a luz" (Maras, 2009: 2), referindo-se ao que Maras considera um tipo de escrita fílmica, cinemática ou somática.

Trata-se, portanto, de um conceito aberto àquilo que extrapola os limites da página e abrange contribuições emanadas de áreas distintas da produção, o que, além de buscar unificar metodologicamente elementos que são frequentemente analisados individualmente, como estrutura, estilo e execução, "o conceito de *escritura audiovisual* permite repensar a demarcação entre criação e interpretação, escrita e performance" (Maras, 2009: 3).

Em outras palavras, o conceito engloba não apenas o planejamento da obra futura a partir da descrição prévia dos sons e imagens que a comporão, mas também se mostra capaz de registrar a contribuição de outros indivíduos envolvidos no desenvolvimento da ideia audiovisual e em sua inscrição na tela, tais como fotógrafos, montadores e atores. Dessa maneira, contribui para expandir as noções por meio das quais o roteiro audiovisual é compreendido em seus distintos contextos possíveis e pelo fato de lançar luz sobre as tensões entre diferentes noções do que é escrita.

Embora estejam diretamente relacionados, os conceitos propostos por Macdonald e Maras apontam para diferentes objetos: a ideia audiovisual define a matriz conceitual da obra em desenvolvimento, em suas diferentes expressões ao longo do processo de produção, ao passo que a escritura audiovisual se refere ao ato material de realizar as múltiplas contribuições recebidas por essa matriz conceitual, de transformá-la paulatinamente em direção à sua forma final. No entanto, é importante destacar que ambos contêm apenas crenças sobre seu efeito: são construídas a partir de assunções prévias dos criadores a respeito daquilo que julgam ser capaz de alcançar o resultado desejado, consoante sua própria compreensão a respeito dos sujeitos e das circunstâncias da fruição da obra audiovisual.

Se o processo textual se completa no processo de fruição e cognição empreendido pelo espectador, que constrói sentido a partir dos estímulos oferecidos pela obra e captados por seu aparato sensório, ressignificando-os consoante seus próprios filtros culturais, então fica evidente a incapacidade do roteirista em cravar um sentido exato para cada elemento do roteiro em busca de uma significação constante e automática. Jean François Lyotard aponta que esse é um traço recorrente da Modernidade: "a ilusão de que é possível programar a vida, [...] como se [...] o autor tivesse autoridade para nos incitar a desempenhar um papel escrito por ele em nossa intenção" (Lyotard, 2000: 15).

***

Nesta pequena introdução à poética do roteiro audiovisual, procurei partir de uma tempestiva crítica à matriz estruturalista hegemônica nos estudos de roteiro para identificar o surgimento de novas poéticas – oriundas principalmente a partir da nova geração de narrativas imersivas e interativas, mas que também permitem renovar o olhar teórico sobre o roteiro audiovisual como objeto de estudo e de ensino, para além do prescritivismo dos manuais, em diversas linhas de pesquisa e abordagens possíveis, como ensina Steven Maras em seu capítulo "Algumas posturas e trajetórias da pesquisa em roteiro", parte deste volume.

Para atingir esse objetivo, apresentei de modo panorâmico neste capítulo alguns autores e conceitos relevantes no cenário contemporâneo da poética do roteiro, buscando oferecer uma alternativa à visão ortodoxa, num esforço, do qual faz parte este livro, para integrar a produção de conhecimento no Brasil às redes existentes de troca e disseminação, promovendo a conexão e a possibilidade de pontos de vista distintos das poéticas norte-americanas e europeias, adubando o terreno e lançando novas sementes para estimular a fertilidade da poética do roteiro no Brasil e em outros países de língua portuguesa.

Referências

BARTHES, Roland. *Aula*. São Paulo: Cultrix, 1987.

_____. *O rumor da língua*. São Paulo: Martins Fontes, 2012 [1984].

BORDWELL, David. Historical Poetics of Cinema. In: *The Cinematic Text: Methods and Approaches*. Georgia State Literary Studies Number 3. Nova York: AMS, 1989.

_____. *Narration in the Fiction Film*. Londres: Methuen, 1985.

COMPARATO, Doc. *Da criação ao roteiro*. Rio de Janeiro: Summus, 2005 [1984].

DAVIES, Rosamund. The Screenplay as Boundary Object. *Journal of Screenwriting*, v. 10, nº 2, p. 149-164, 2019. Londres: Intellect Books, 2019. doi: 10.1386/jocs.10.2.149_1

DERRIDA, Jacques. *Gramatologia*. Trad. Miriam Chnaiderman, Renato Janine Ribeiro. São Paulo: Perspectiva, 2011.

DOUGLAS, Pamela. *Writing the TV Drama Series*. Los Angeles: Michael Wiese Productions, 2011.

FIELD, Syd. *Manual do roteiro: os fundamentos do texto cinematográfico*. Rio de Janeiro: Objetiva, 1995 [1979].

LEAL, Rafael e OLYMPIO, Marton. *A dona da banca: trajetória de um episódio piloto*. Rio de Janeiro: Editora PUC-Rio, no prelo.

_____. Poética do roteiro audiovisual: uma abordagem fenomenológica para narrativas imersivas. *Revista Moventes*, nº 5, 2020. Disponível em: https://revistamoventes.com/2020/05/31/poetica-do-roteiro-audiovisual-uma-abordagem-fenomenologica-para-narrativas-imersivas/

LYOTARD, Jean-François. *Peregrinações: lei, forma, acontecimento*. São Paulo: Estação Liberdade, 2000.

MACDONALD, Ian W. *Screenwriting Poetics and the Screen Idea*. Londres: Palgrave Macmillan, 2013.

_____. The object that is not yet an object: the screen idea. In: *Atas do VI Encontro Anual da AIM, editado por Paulo Cunha, Susana Viegas e Maria Guilhermina Castro*, 10-26. Lisboa: AIM, 2016.

MACKSEY, Richard e DONATO, Eugenio (orgs.). *A controvérsia estruturalista: as linguagens da crítica e as ciências da linguagem*. São Paulo: Cultrix, 1971.

MANOVICH, Lev. *The Language of New Media*. Cambridge: MIT Press, 2001.

MARAS, Steven. *Screenwriting: History, Theory and Practice*. Londres: Wallflower Press, 2009.

_____. Some attitudes and trajectories in screenwriting research. In: *Journal of Screenwriting*, 2:2. 2011.

MCKEE, Robert. *Story: substância, estrutura, estilo e os princípios da escrita de roteiros*. Curitiba: Arte e Letra, 2012 [2004].

MOSS, Hugo. *Como formatar o seu roteiro: um pequeno guia de Master Scenes*. Rio de Janeiro: Aeroplano, 2002 [1998].

STAR, S. L. e GRIESEMER, J. R. Institutional Ecology, "Translations" and Boundary Objects: Amateurs and Professionals in Berkeley's Museum of Vertebrate Zoology, 1907–1939. *Social Studies of Science*, v. 19, nº 3, p. 387-420, 1989. Newbury: Sage, 1989.

STAR, S. L. This is not a Boundary Object: Reflections on the Origin of a Concept. *Science, Technology, & Human Values*, v. 35, nº 5, p. 601-617, 2010. Newbury: Sage, 2010.

O objeto que ainda não é um objeto: a ideia audiovisual[1]

Ian W. Macdonald

Doutor Jivago (1965) foi dirigido por um dos maiores diretores britânicos, David Lean. Foi filmado na Espanha, por Nic Roeg, antes que ele fosse substituído por Freddie Young. Suas maravilhosas cenas e sequências narrativas têm mais em comum com a consciência visual do cinema silencioso, um modo completamente diferente de se narrar uma história. David Lean aprendeu suas técnicas de edição de filmes com o cinema silencioso, como fica claro aqui, mas a beleza calma do que vemos na tela não tem absolutamente a ver com o desenvolvimento pelo qual o filme passou. Para citar o roteirista do filme, o grande Robert Bolt, que adaptou o romance de Boris Pasternak:

> Acordo todas as manhãs com essa história se estendendo na minha frente como uma estrada no meio de um nevoeiro... e ando em círculos por um dia ou dois, pronto a jogar minha cabeça para trás e uivar de raiva e de impotência. Eu nunca fiz nada tão *difícil*. Aquele *maldito* Pasternak! É como tentar endireitar teias de aranha (Bolt apud Brownlow, 1996: 505).

Difícil ou não, David Lean gostava de uma tela grande. Ele dirigiu filmes como *Lawrence da Arábia* (1962) e *A ponte do rio Kwai* (1957), bem como a insuperável adaptação de 1946 de *Grandes esperanças*, de Charles Dickens. E aqui temos possivelmente seu maior épico, *Nostromo*, baseado no romance de Joseph Conrad, que ficou ainda mais incrível por conta de dois dos melhores roteiristas britânicos: Christopher Hampton e Robert Bolt.

(Tela em branco)

Aqui está.

(Tela em branco)

---

[1] Publicado originalmente como "The object that is not yet an object: the screen idea", em *Atas* do VI Encontro Anual da AIM, editado por Paulo Cunha, Susana Viegas e Maria Guilhermina Castro, 10-26, 2016. Lisboa: AIM. (N.T.)

Ao menos de acordo com nossa maneira habitual de pensar em narrativas de filmes, isto é tudo o que temos.

(Tela em branco)

Filme nenhum. Infelizmente, David Lean morreu seis semanas antes da fotografia principal, e o filme nunca foi gravado.

Ainda assim, há 47 caixas de material escrito no Instituto de Cinema Britânico. Como podemos ignorá-las? Na realidade, como podemos ignorar quaisquer trabalhos desse tipo, só porque nunca foram filmados? Podemos até perdoar o grande público, evidentemente, que só quer ver o filme. Mas, como pesquisadores da indústria cinematográfica, temos alguma justificativa para ignorar esse trabalho?

Seria como se estudiosos de literatura ignorassem um livro até então desconhecido de Charles Dickens chamado *Mais contos da prisão Marshalsea*, dizendo que ele não tem nenhum valor já que nunca foi publicado. Isso não aconteceria.

Algumas poucas disciplinas em estudos de cinema pensaram sobre isso. Estudiosos de adaptação consideraram a reformulação de narrativas entre formas, como entre o romance e o filme, mas eles têm a tendência a trabalhar com textos finalizados, não com casos como o do *Nostromo*. Estudos de produção já consideraram o momento do desenvolvimento criativo, geralmente a partir de uma perspectiva industrial. Estudiosos da televisão estão acostumados a considerar o desenvolvimento da narrativa ao longo de uma série, mais uma vez a partir de um texto finalizado. E alguns pesquisadores já abordaram as convenções literárias do roteiro no cinema. Mas, mesmo considerando que todas essas abordagens aumentam nosso entendimento e nosso conhecimento sobre o campo, ainda não temos uma ideia clara de como elas se conectam teoricamente. Na realidade, temos negligenciado os estudos de roteiro, não apenas ao nos debruçarmos sobre roteiros antigos buscando seu valor literário, mas considerando como as pessoas pensam os filmes que esperam fazer.

Então minhas principais questões aqui são: como podemos entender o que envolve a criação da narrativa audiovisual? E será que podemos produzir um meio de compreender essa narrativa que faça sentido em suas diferentes formas e plataformas?

Este texto é sobre um objeto que não é de fato um objeto, que nós chamamos de *ideia audiovisual*. Argumento que não temos prestado muita atenção ao discurso da concepção do filme, a parte da prática que imagina o filme e sua existência potencial. E a necessidade de pensar nisso com a variedade de mídias que existem hoje, com histórias se expandindo através de diversas plataformas, é mais urgente do que nunca.

O problema é que não existe um objeto claro e singular para focar, a não ser talvez alguns pedaços de papel como o roteiro – que tendemos a ler como uma "planta baixa" literária, em vez de cinematográfica. E de qualquer forma, como um documento, o roteiro está descrevendo outro documento, como disse certa vez Pasolini,[2] de modo que frequentemente focamos no objeto tangível que temos, o filme completo, o texto final, e então trabalhamos de trás para a frente a partir dele, para discutir o que funciona e o que não funciona, como se fosse sempre uma questão de "o que faz esse filme perfeito?" em vez de perguntar "o que eles realmente estavam tentando fazer aqui?" É uma coisa estranha: se os estudos cinematográficos tendem a trabalhar de trás para a frente a partir do filme, na produção cinematográfica, por outro lado, toda a atenção está na meta, no que o filme pode se tornar antes de existir, mesmo que no fim ele fique completamente diferente. O foco é no que é possível, para onde a ideia do filme está caminhando. Por que não estudamos o processo dessa outra maneira?

A ideia audiovisual

Um amigo meu, o professor Denys Riout, da Universidade de Sorbonne, escreveu um livro sobre o artista conceitual Yves Klein (Riout, 2011). O subtítulo do livro era *Expressando o imaterial*. E isso ressoou em mim ao pensar no que se passa antes de o roteiro ser escrito. Na teoria da criatividade, nada vem do nada. No início do processo como um todo sempre há uma ideia audiovisual, ou mesmo o que alguns já chamaram da semente de uma ideia. Ela existe, mas apenas na sua mente. Quando você compartilha essa ideia com mais alguém, como ocorre com a arte conceitual, você sabe que a outra pessoa vai ter uma perspectiva diferente da sua. Não a podemos ver, mas ela está aqui, entre nós. Ela só existe nas nossas mentes e no nosso discurso.

---

2   Pasolini (1977: 40): "se o autor decide adotar a 'técnica' do cenário como um trabalho autônomo, ele deve aceitar, ao mesmo tempo, a alusão ao trabalho cinematográfico (no processo)".

Mesmo em relação a textos preexistentes que estão sendo adaptados, a ideia audiovisual permanece única, o que escolhermos que ela seja. As notas de David Lean selecionavam elementos do romance de Conrad que ele considerava importantes – outro cineasta poderia ter uma abordagem diferente (e foi exatamente o que aconteceu quando mudaram os roteiristas, com Bolt entrando no lugar de Hampton). O próprio desejo de expressar alguma coisa em determinados dia, hora e lugar é o que dá forma e contorno à ideia audiovisual. Quanto mais desenvolvida ela estiver, quanto mais se souber a respeito dela, tanto mais ela emerge do subjetivo, e podemos aceitá-la e discuti-la como se fosse um objeto com uma existência separada.

Por um lado, a ideia audiovisual é uma noção bem simples – é só um rótulo em algo que vai ter uma forma mais tarde. É a reivindicação de um território. É um lote de terra adquirido há pouco tempo onde safras cuidadosamente selecionadas vão brotar mais tarde. Ou não. A semente pode cair em um solo pedregoso e a ideia audiovisual pode ser abandonada – e de fato ela é, na maioria das vezes. Mas é possivelmente a parte mais importante da produção cinematográfica, o momento em que tudo é possível, quando mundos inteiros podem ser eliminados sem se pensar, quando novos mundos tomam lugar, quando a ideia de quem vai representar o herói pode mudar de Leonardo DiCaprio para Ralph Fiennes, até potencialmente Kate Winslet.

O termo ideia audiovisual foi mencionado no manual de roteiro de Phil Parker, *A arte e a ciência do roteiro*[3] (1998: 57), mas aqui está a minha definição para propósitos acadêmicos:

> Qualquer noção, tida por uma ou mais pessoas, de um conceito singular (independentemente de sua complexidade) que pode ter uma forma convencional ou não, a partir da qual haja a intenção de gerar um produto audiovisual, seja ou não possível descrevê-lo na forma escrita ou de outras maneiras.

A ideia audiovisual é, para mim, um conceito-chave. Trata-se de uma maneira de dar um passo atrás nas discussões baseadas em formas únicas, como filmes, seriados dramáticos de televisão e séries para a internet; e de

---

3 *The Art and Science of Screenwriting*, não traduzido no Brasil. (N.T.)

nos lembrar de que todas as formas narrativas são apenas variações de histórias. Além de ser um conceito "macro", a ideia audiovisual também tem a vantagem de ser específica de um jeito micro, ao se referir a um projeto em particular. De fato, o valor do rótulo *ideia audiovisual* está em que ele nos ajuda a manter a especificidade no ambiente dinâmico e mutável da narrativa, do desenvolvimento de roteiro e da produção audiovisual. E esse é o propósito duplo da ideia audiovisual – ela foca firmemente na ideia inicial, que é o propósito básico de um eventual trabalho, e também engloba o fato de que todos os trabalhos mudam conforme se desenvolvem. Ela dá espaço à dinâmica e à natureza múltipla da produção audiovisual, enquanto permanece conectada à sua origem.

Trabalho criativo

Não podemos focar na ideia audiovisual sem considerar quem a cria e desenvolve: é sempre possível notar como um grupo de trabalho da ideia audiovisual se congrega ao redor dela. Todos os envolvidos concentram sua atenção na ideia audiovisual, mesmo quando ela muda, se metamorfoseia e se desenvolve no que eles coletivamente querem. É o grupo que gerencia esse processo, de modos sutis e muitas vezes desconhecidos, bem como em resposta a decisões relevantes de membros do grupo com mais poder. É uma comunidade pensante, como acredito que Vera-John Steiner descreveu.

Minha colega da Universidade de Copenhagen, Eva Novrup Redvall, usou o conceito de ideia audiovisual como base para uma pesquisa sistemática em sua abordagem ao estudar seriados dramáticos de televisão dinamarqueses como *The Killing – História de um assassinato*, *The Bridge* e outros (Redvall, 2013). Ela propõe o sistema da ideia audiovisual como "uma estrutura para compreender o roteiro e a produção de novas séries de televisão como uma interação entre três elementos principais de formação" (Redvall, 2013: 7), a saber: o indivíduo, o domínio e o campo. O campo aqui significa o conjunto de todos os envolvidos na produção televisiva, e o domínio significa tudo o que é produzido para a televisão, ou publicado a respeito. Esse sistema é adaptado da teoria da criatividade e Redvall o usa como forma de entender o que parece ser uma fórmula internacional de sucesso na Dinamarca de um tipo específico de drama para a televisão. A empresa,

DR, de fato já formalizou suas ideias sobre boas práticas em um manifesto de princípios chamado Dogmas. Esses dogmas trazem informações sobre o modo como a DR se organiza em grupos de trabalho, como os indivíduos trabalham dentro deles, e como – nas palavras de Redvall – "esses grupos de trabalho [...] propõem novas variações originais em uma interação constante de ideias de qualidade e adequação no domínio e no campo" (Redvall, 2013: 30). É claro que já vimos estudos de séries de televisão antes, de pessoas como John Tulloch e Manuel Alvarado, mas ainda não havíamos visto a hipótese de que toda narrativa audiovisual é desenvolvida a partir de uma ideia audiovisual, para a qual deve haver um grupo de trabalho que opera em relação a um domínio e um campo, e às práticas neles consagradas. Redvall não afirma isso diretamente, mas eu afirmo.

A ideia audiovisual em si só não existe. Apenas podemos ver sua forma por meio dos efeitos ao seu redor, um pouco como um buraco negro no espaço. Assim, a melhor maneira de entender sua forma e seus contornos é por meio do discurso daqueles que trabalham com ela.

John Caldwell e outros já enfatizaram o valor de estudar o discurso da indústria como uma maneira de demonstrar a lógica de suas práticas. Kristin Thompson explicou que tem a ver com o que as pessoas acreditam que estão fazendo, de modo que estudar o que os profissionais da área dizem sobre o trabalho, como justificam suas escolhas e decisões, e como apresentam o trabalho, certamente pode nos dizer muito sobre como isso se relaciona com o sentido da narrativa, e com o dito "jeito certo" de se contar uma história na tela. Esse estudo pode nos trazer informações sobre as estruturas mentais, cognitivas e industriais que estão sendo usadas, sobre poder e *status*, competição e colaboração no trabalho criativo.

Horace Newcomb enfatizou "o significado da narrativa e do gênero para o estudo da mídia contemporânea" (Newcomb, 2004: 413), por isso sugiro que precisamos entender a perspectiva do roteirista quando está construindo a narrativa. Isso envolve sua experiência individual e seus hábitos, sua memória de trabalhos consagrados, memórias pessoais (como de imagens poderosas), seu entendimento dos propósitos industriais e das possibilidades técnicas, da interação social, da colaboração e de dinâmicas de poder; tudo isso dentro do grupo de trabalho da ideia audiovisual.

Proponho que o que estão fazendo como um grupo de trabalho é resolver as regras do jogo da maneira como elas se encaixam, ou não se encaixam, em uma história em particular. Relaciona-se com o que o grupo acredita ser importante para essa história. Olharão para a grande estrutura da história, como o gênero, tal qual sugere Newcomb, mas também haverá crenças sobre a forma de se narrar em geral que se aplicam, como a ideia de que a tensão deve crescer e diminuir ciclicamente. Crenças assim se unem naquilo que chamo de ortodoxia do roteiro, que informa com clareza como se espera que os profissionais escrevam – ou leiam – um filme bem construído. Assim, o propósito do grupo de trabalho não é só simplesmente pensar em novas ideias para filmes, ou variações de velhas ideias, mas tratar de como o filme deve se relacionar com o campo da produção e as crenças que ele traz do que faz um bom filme. Dessa maneira, isso leva à crença geral de que deve haver um modo correto de escrever um roteiro, um jeito melhor de se fazer as coisas.

De um ponto de vista mais artístico, o desenvolvimento da ideia audiovisual pode até mesmo ser visto como uma forma de filosofia cinematográfica – qualquer tentativa de criar uma ideia audiovisual e de escrever um roteiro é uma tentativa de responder a pergunta "o que é uma narrativa audiovisual?", ou uma história audiovisual. Isso acaba, em termos práticos, envolvendo ideias existentes de narrativa, gênero e modos ortodoxos de escrever, o que gera propostas de novas intervenções.

Mas você poderia perguntar: e a geração mais recente de fãs e consumidores ávidos – aqueles que usam a internet para contribuir com uma narrativa criada por outros? Bem, Roger Silverstone e outros escreveram sobre o Ciclo de Consumo, que é essencialmente da produção ao consumo, e novamente de volta à produção (Silverstone, 1994: 126-132). Isso enfatiza o argumento de que cineastas ao mesmo tempo representam os consumidores da obra audiovisual, e são, eles mesmos, consumidores. Assim, os fãs também podem ser cineastas, e dessa forma podem se tornar parte de um grupo de trabalho da ideia audiovisual. Um grupo externo de fãs pode se tornar roteirista de uma ideia audiovisual específica. Com toda certeza.

Por exemplo, pode ser que você já saiba que existe uma comunidade de fãs chamada *fujoshi*, ou "Garotas Podres", entusiastas de um gênero de vídeos editados chamado *yaoi*, ou "Amor entre Meninos", que edita personagens masculinos criando relações românticas que os produtores originais nunca tiveram em mente. *Sherlock* (2010–2016) é popular com as Garotas Podres, que gostam de introduzir conotações homossexuais, presumidamente porque há mais de uma sugestão de um romance escondido entre Holmes e Watson – isso é parte da natureza intrigante da série original, sem mencionar séries de televisão anteriores, filmes, livros e as histórias do século XIX publicadas nos jornais. Isso demonstra que a ideia audiovisual nunca está finalizada, pensemos nela como um clássico ou não. Sempre há mais sobre o que se trabalhar.

Retrabalhar materiais antigos não é diferente do que roteiristas profissionais e cineastas sempre fizeram. Trata-se simplesmente de usar novas tecnologias para contar novas histórias baseadas em outras antigas – o que muda é a acessibilidade da tecnologia, tanto na produção quanto na distribuição. E consequentemente há uma mudança no grupo de trabalho que cria e transmite essas histórias. E em decorrência disso, há uma mudança no poder a cada vez – novas pessoas assumem o controle da narrativa.

Dessa maneira, a ideia audiovisual existe como um foco, primeiramente como o propósito e a meta do grupo de trabalho que a está desenvolvendo; e em segundo lugar, como um modo de estabelecer – tão logo quanto possível – a propriedade intelectual que pode ou ser explorada ou protegida do tipo errado de exploração, dependendo de quem a detém.

Quando estou lendo o roteiro de um estudante, nós formamos um grupo de trabalho da ideia audiovisual. Com frequência, pego-me dizendo: "isso é um longa, não um curta-metragem". Eu vejo como o roteiro se encaixa com minha compreensão do que faz um longa, e que meu aluno ainda não entendeu isso. Mas a ideia ainda está lá, e ainda estamos discutindo como desenvolvê-la, de um jeito ou de outro, no nosso pequeno grupo de trabalho de duas pessoas. Não há motivos para não quebrarmos as convenções e tentar algo radical. No mundo real, hoje em dia, podemos até ver a história nas duas versões, ou até mais. E certamente muitos trabalhos audiovisuais hoje são feitos para múltiplas plataformas de narrativas.

Expansão da mídia

Os universos de um *storyworld*[4] são hoje mais comuns na televisão, e a comunidade empresarial norte-americana já percebeu que "os universos cine-

---
4   Termo utilizado pelos profissionais da mídia para descrever um mundo ficcional ou universo de uma história dentro de uma narrativa canônica e seus personagens. (N.T.)

matográficos, construídos com base em personagens e propriedades interconectadas, estão se tornando a norma" (Rindskopf, 2016). O Universo Cinematográfico da Marvel talvez seja o mais conhecido deles, e como apontou um blogueiro especializado, "mesmo que ele nem sempre funcione narrativamente, certamente funciona financeiramente" (Rindskopf, 2015). Na realidade, estamos falando de vários universos: o universo original no qual se desenrolam as histórias da Marvel Comics, conhecido como Universo 616, juntou-se nos quadrinhos a um universo paralelo, que se passa no ano de 1602, ao passo que o Universo Cinematográfico, que começou com *Homem de Ferro*, em 2008, também é paralelo ao 616, e é conhecido como o Universo 199999. De acordo com um artigo publicado por Wilson Koh em seu *Estudos de celebridades* (Koh, 2014), o lançamento do filme *Capitão América: O primeiro vingador*, em 2011, foi precedido por quadrinhos específicos desenvolvidos como uma prequela, além da republicação de quadrinhos da série inicial do Capitão América. Alguns dos personagens também estavam presentes nas histórias do Universo 616 lançadas juntamente com o filme. O que vemos aqui – para além do que parece ser uma empresa jogando todas as suas ideias, mais gato, cachorro e papagaio, tudo de uma só vez, para cima de seus consumidores – é uma empolgante desconsideração pela consistência narrativa, trabalhando contra novas tentativas de ideias, e da capitalização em cima delas. Nas histórias em quadrinhos, Henry Jenkins aponta que produtores "adotaram o princípio de multiplicidade narrativa, criando simultaneamente múltiplos quadrinhos com variações da versão original de qualquer super-herói" (Koh, 2014: 488-489).

> Por meio desse novo sistema, os leitores podem consumir múltiplas versões da mesma franquia, cada uma com diferentes concepções do personagem, diferentes entendimentos dos seus relacionamentos com personagens secundários, perspectivas morais diferentes, explorando momentos diversos de suas vidas... De modo que a Tia May conhece a identidade secreta do Homem-Aranha em alguns enredos, e em outros não (Jenkins apud Koh, 2014: 489).

E os criadores decidem as regras. O mesmo acontece com qualquer ideia audiovisual.

Em 1961, o estudo sobre quadrinhos feito por Umberto Eco, citado novamente por Wilson Koh, discutiu que o conceito de super-herói perdeu os laços da causalidade, tão querida pela narrativa hollywoodiana. O super-herói existe, disse ele, "dentro de um ambiente que opera de modo contrário às noções clássicas e racionais do tempo como um evento narrativo-linear" (Koh, 2014: 493). As regras típicas desse gênero haviam mudado, ele argumenta, de maneira a desafiar as normas comuns de uma narrativa.

E o mesmo se aplica ao Universo Cinematográfico Marvel, que não conciliou as regras narrativas de seu universo antes de lançar as histórias individuais. Novas histórias poderiam ser – e foram – experimentadas. O público aceita isso, e enquanto ele aceitar, está tudo bem. Os personagens principais podem voltar ao *status quo* básico em outra aventura e, na verdade, isso não é novidade. Já estávamos acostumados a ver isso acontecer de maneira mais branda em outras mídias e gêneros antes da televisão complexa – em séries de comédia tradicionais ou na franquia James Bond.

Nessa era de múltiplas plataformas e de comissionamento em 360 graus,[5] cada vez mais nossas narrativas de filmes e séries nem sempre existirão dentro de fronteiras claras e consistentes. Como diz Jason Mittell, já dito por Henry Jenkins, existem paratextos que orientam o espectador em torno de uma série de televisão "mãe" (Mittell, 2015: 295). Apesar disso, para quaisquer textos que sejam produzidos, os elementos comuns e consistentes envolvidos nesse processo de criação são: (1) um grupo de trabalho flexível funcionando dentro de várias estruturas e organizações consensuais, entendimentos, sistemas cognitivos, práticas institucionais e interações pessoais e sociais; e (2) um propósito declarado, uma ideia audiovisual, seja simples ou complexa.

Novas formas de narrativas também estão surgindo e desafiando as práticas narrativas o tempo todo. Keith Stuart, editor de videogames do jornal *The Guardian*, disse recentemente que "os videogames são ambientes construídos em torno da diversão, e não do trabalho".[6] Videogames são teatro em um espaço expandido, e expandem os limites da narrativa na medida em que ultrapassam os limites dos seus espaços. Jogos de realidade alternativa (JRA, ou ARG na sigla em inglês) já existem há mais de uma década e são

---

5   *360-degree commissioning* é uma adaptação de conteúdo que maximiza a reprodução e adapta a mídia para diferentes plataformas além da televisão, como versão online, móvel etc.
6   Keith Stuart estava se referindo a um seminário de pesquisa na Universidade de Leeds em 2016.

especificamente programados para "impulsionar um universo para fora de sua mídia", como traz o estúdio de jogos canadense *Alice and Smith* em seu site.[7] Ano passado, a *Alice and Smith* desenvolveu o que eles dizem ser o primeiro JRA permanente, o *Blackwatchmen*, que é jogado por meio de sites codificados, anúncios de jornais, ligações telefônicas, mensagens de texto e locações do mundo real. Os usuários entram por portais secretos, como as tocas de coelho da história de Alice, e exploram a realidade do jogo por meio de pistas e estruturas oferecidas pelos criadores. O importante para essa ideia audiovisual é a crença no seu mantra I.N.E.U.J. – Isto Não É Um Jogo.[8] Mas é um jogo.

A natureza inclusiva do jogo não esconde a cuidadosa construção da narrativa, como uma telenovela faz. E o envolvimento do usuário não se resume apenas à empatia pelo herói, mas também inclui a solução de enigmas que o herói teria que resolver. Mais uma vez, isso não é tão diferente de outras mídias e de outros gêneros, como a longa tradição de filmes e séries de detetive da televisão americana, desde *Dragnet* até *Columbo*, e outros. A série *Lost* é um jogo de quebra-cabeça, diz Keith Stuart, assim como Jason Mittell (2015). Há também uma ressonância com jogos que existem na vida real como os de orientação e caça ao tesouro[9] ou um jogo que os estudantes da Universidade de Leeds chamam de "Clube dos Assassinos" – um jogo em sentido amplo, de gosto muito duvidoso, no qual os alunos percorrem o *campus* surpreendendo seus alvos e afirmando tê-los matado. Vai entender.

Usos na academia

Como, então, tudo isso é útil no contexto acadêmico? Quero mencionar quatro pontos e dois exemplos. Em primeiro lugar, isso abre caminhos para os estudos de roteiro. Em vez de focar exclusivamente nos aspectos textuais de um roteiro, considerando-o a planta baixa de outro texto – o filme –, podemos compreendê-lo como uma expressão de algo o mais completo possível, considerando o estágio em que se encontra e o lugar em que foi escrito. Ao adotar a noção de ideia audiovisual como um conceito abrangente, podemos valorizar

---

7   www.aliceandsmith.com/expertise/
8   T.I.N.A.G. – This Is Not A Game. (N.T.)
9   Ou *realities* de televisão como *Treasure Hunt* (1982-1989) e *Haunted* (2015-2016).

não apenas os documentos existentes, mas também o processo que os concebeu, como um todo contínuo. Do meu ponto de vista, portanto, entender o roteiro não como uma categoria de trabalho restrita e artificial, mas como uma ampla atividade de concepção e desenvolvimento criativo, nos leva para dentro do mundo das ideias criativas em vez de somente nos remeter a algum tipo de gênero literário. Ao mesmo tempo, nos afasta de focar inteiramente no texto final do filme: a ideia audiovisual abarca todo o processo.

Em segundo lugar, a ideia audiovisual prescinde do estudo da narrativa audiovisual em compartimentos separados – filmes, televisão, videogames, e assim por diante. A demarcação tradicional da indústria está sendo rompida, e já não podemos estudar algo isoladamente, porque há muitos outros fatores que se sobrepõem. A ideia audiovisual permite que pesquisadores estudem a narrativa que não está restrita a um filme ou a uma série individual, ou a um roteiro em particular, ou a uma fonte de material fora das telas, ou a um gênero específico, ou a empresas e grupos industriais, ou a artistas individuais, sejam eles diretores, roteiristas, produtores ou outros. Além disso, a ideia audiovisual nos permite trazer todos e quaisquer formas, regras, costumes e práticas. Todos esses são variáveis, como a convergência técnica nos lembra. Por exemplo, em relação a todas as intenções e aos propósitos, o filme e a televisão agora se diferenciam apenas pelo tamanho do orçamento, ou pela organização industrial. Outrossim, o rótulo de ideia audiovisual nos afasta de outros mais restritos e agora quase redundantes como os de "filme" ou só "televisão".

Em terceiro lugar, podemos olhar igualmente para a autoria de modo mais claro. O termo *cinema de autor* é amplamente utilizado em estudos sobre mídia e existe um prazer em identificar estilos únicos de diretores de filmes, como Milcho Manchewksi ou Agnieszka Holland, por exemplo, em episódios da série de televisão *A escuta (The Wire)*, de David Simon. E o próprio Simon é um exemplo de *showrunner* – um termo relativamente novo que é outra tentativa de atribuir um autor para uma série de televisão, com o propósito de mostrar tanto controle artístico quanto industrial. Na discussão sobre narrativas audiovisuais, adoramos encontrar a principal pessoa responsável, mas devemos lembrar que essa é apenas uma generalização, na maioria das vezes. O termo *David Simon* é, de fato, uma maneira de se referir a sua autoridade e ao time que ele comandou, incluindo outros como

Ed Burns ou George Pelecanos, e à visão que eles têm da ideia audiovisual com a qual trabalham. Na Danmarks Radio, a primeira regra do Dogma diz que o autor é "aquele que tem a visão" (Redvall, 2013: 69), referindo-se a qualquer um que efetivamente carregue o bastão da criatividade. O grupo de trabalho da ideia audiovisual chamado *Nostramo* teve muita influência de David Lean, então faz sentido que seja visto como um projeto "dele", um filme dele; mas se compararmos o trabalho feito pelo escritor Christopher Hampton com o feito por Robert Bolt, os dois são bem diferentes. O roteiro de Hampton é mais teatral, baseado no diálogo, ao contrário do de Bolt, mais simples, cinemático e possivelmente mais baseado no gênero. Então, se Lean não tivesse resolvido suas diferenças com Robert Bolt e tivesse filmado com o roteiro de Hampton, o filme teria sido diferente. Como isso se enquadra com o conceito de Lean como autor? É que nem mesmo um autocrata como David Lean é o único autor em uma narrativa audiovisual, e ele e seus roteiristas foram rápidos em reconhecer a contribuição dos outros. A autoria aqui tem a ver com colaboração – em outras palavras, com o grupo de trabalho da ideia audiovisual.

Em quarto lugar, e talvez o mais importante, sugiro que o foco no uso da ideia audiovisual nos permite estudar de maneira mais fácil as inflexibilidades do roteiro e outras práticas ortodoxas que são aceitas como parte do rigor necessário no contexto do desenvolvimento de roteiro. Os discursos de todos os manuais de roteiro foram recentemente analisados por mim e por outros acadêmicos, como Bridget Conor, e está claro que nos EUA e no Reino Unido existem noções e estilos padrão que parecem ser influentes. Não é surpresa que essas sejam, com frequência, interpretações de trabalhos mais antigos envolvendo narrativa, como a reformulação de 1996 que Chris Vogler deu à *Jornada do herói*, de Joseph Campbell, ou a ênfase de Robert McKee na autoridade de Aristóteles (McKee, 1999). Quero dar um exemplo de como um filme que teve boa aceitação pode estar ligado à influência da ortodoxia do roteiro padrão de Hollywood. Podemos fazer isso estudando o filme em sua forma final, é claro, mas a coisa fica mais clara se nos debruçarmos sobre o desenvolvimento da ideia audiovisual.

O regresso (2015) é um filme de Alejandro González Iñárritu, de forte cunho autoral, e uma incrível realização cinematográfica, se levarmos em conta as condições da filmagem. De uma perspectiva cinematográfica, não há problema em considerá-lo como essencialmente um filme de Iñárritu – sob seu controle artístico do roteiro à performance, e até mesmo suas características imagéticas, bem como as mudanças na paisagem gelada utilizando explosivos e um helicóptero. O artigo de Edward Lawrenson (2016) na revista de crítica *Sight and Sound* é tipicamente *auteurista*, preocupado apenas em comprovar as credenciais artísticas de Iñárritu, com uma menção à performance e às dificuldades sofridas pelo ator principal durante o processo, incluindo – alerta de *spoiler*! – entrar na carcaça de um cavalo. No mundo dos estudos de cinema, essas são coisas bem úteis. Assim como David Lean antes dele, Iñárritu se voltou para o cinema das telonas, e respondemos àquilo que vemos nas telas, maravilhados e admirados com a fusão de espetáculo e narrativa.

Mas se estudarmos a obra a partir da perspectiva do roteiro, poderemos observar o quanto a narrativa se enquadra na estrutura ortodoxa conhecida como a *jornada do herói*, popularmente difundida no mundo do roteiro a partir de 1990 por Christopher Vogler, um antigo analista de histórias que trabalhava para a Disney. Estamos falando aqui de um molde industrial usado para filmes, para a televisão, bem como para os videogames. No caso da obra em questão, existe um processo em desenvolvimento que começou em 2007 com um rascunho focado em uma arma muito especial, um rifle Anstadt, como o recurso que conecta o herói Philip Glass com as lutas do seu passado, a perda de sua família e a injustiça que sofreu de Fitzgerald, seu inimigo. Na versão de 2010, o rifle se tornou mais pessoal, já que carregava uma estrela entalhada por Glass na coronha. Também havia papéis maiores para os comerciantes franceses e os indígenas norte-americanos, com maior foco em um embate de cunho racial e emocional. Na versão final de 2015, o rifle especial não existia mais e o recurso foi substituído pelo seu filho indígena mestiço, assassinado pelas mãos de Fitzgerald, o que torna a motivação do herói para a perseguição e a vingança mais forte para os padrões dos dias atuais. A ideia desde o início era a de uma representação da jornada do herói, mas o desenvolvimento acabou se dando não apenas por um caminho de questões atuais como raça, mas também seguiu a ortodoxia do roteiro ao enfatizar o indivíduo em uma luta pessoal contra as forças do mal.

Trata-se de uma estrutura ortodoxa de roteiro que fundamenta e formata o processo criativo, e não apenas os julgamentos artísticos exclusivos de um diretor admirado. A revista de cinema britânica *Sight and Sound* reconhece sucintamente a divergência em relação ao romance original, mas não toma consciência da formação dessa divergência, ou o que ela significa para a narrativa audiovisual de forma geral (Lawrenson, 2016). E deixo para vocês decidirem se a versão anterior era mais ou menos sutil, ou artística, do que a versão final, que poderia ser vista como uma abordagem mais impactante. Dessa maneira, não se trata da perfeição do filme; a questão aqui é por que aquelas versões anteriores não foram consideradas eficazes, e essa questão tem a ver com a narrativa industrial. Nem mesmo o poderoso e respeitado David Lean conseguiu fugir dessas estruturas. Em suas notas em *Nostromo*, ele escreveu: "Eu sou fiel ao meu treinamento, mas ao me sentar no escuro do cinema aceito quase todos os tipos de variações das 'leis' já estabelecidas. E o mesmo acontece com os espectadores... Mas quando volto à [minha] mesa de trabalho, é quase imperativo que eu siga as convenções... Eu gostaria de ser um pouco mais corajoso" (Lean apud Macdonald, 2013: 212). (Os roteiros de *O regresso* estão disponíveis online em www.imsdb.com)

O objeto que ainda não é um objeto

A ideia audiovisual é, portanto, uma maneira de dar nome ao que autores, diretores e outros têm por objetivo quando desenvolvem uma história audiovisual. É claro que a ideia audiovisual nunca se torna um objeto concreto, de modo que é possível que você tenha achado o título do meu artigo um pouco enganoso. Se esse foi o caso, peço desculpas. Carmen Sofía Brenes fala sobre a ideia audiovisual como uma "meta almejada, mas que não está presente" (Brenes, 2014: 3) e Marja-Riitta Koivumaki se refere ao termo como "um ato de visualização" (Koivumaki, 2016: 69). Até, e especialmente, quando o grupo de trabalho envolvido ainda está mudando, como acontece no desenvolvimento, trata-se de uma meta em comum, compartilhada de um para muitos e vice-versa. Quando trabalhava em *Doutor Jivago*, o roteirista Robert Bolt disse a David Lean:

> Eu sinto que estamos correndo um grande perigo, ou pelo menos *eu* estou. Não é o tipo de coisa que pode ser escrita "sob aprovação". Ela precisa de muita intensidade e compromisso e confiança; não podemos escrever essas cenas como um comitê de duas pessoas; eu mesmo devo escrevê-las para que sejam uma coisa só, uma visão – se não, por mais que se encaixem

dentro de uma lista de especificações, não serão vivas, não terão estilo ou idiossincrasia; e, ainda assim, elas devem ser o que você quer que sejam, porque é você quem vai direcioná-las, e elas serão tão difíceis de dirigir quanto de escrever; então, precisamos discutir a fundo até termos certeza de que entendemos um ao outro, e aí você vai ter que me deixar sozinho para escrevê-las (Bolt apud Brownlow, 1996: 506).

Assim, nós, estudiosos do campo, precisamos do termo *ideia audiovisual* para representar o imaginário, o variável, o instável, o transitório, o impossível, o puro onde a pureza não pode ser sustentada no produto audiovisual, a escolha que pode empurrar a narrativa para a frente, ou que pode retroceder com ela e que então faça toda a diferença na mente do leitor.

Você poderia simplesmente dizer que o roteiro representa o filme. No entanto, é evidente que o roteiro representa somente a ideia do filme. Por isso, a ideia audiovisual deve permanecer sempre como um objeto imaginário, compartilhada de maneira imperfeita entre o grupo de trabalho enquanto este estiver trabalhando. Ela existe apenas subjetivamente durante esse processo, e sob esse ângulo meu título é preciso, porque esse é um objeto que sempre permanece como um objeto que "ainda não é".

E, no entanto, ainda assim há algo sólido nesse objeto que "ainda não é" um objeto, e que se completa com os prazeres literários e cinematográficos que procuramos tanto nos livros quanto nos filmes. Considere este último exemplo; cena 97 em *Nostromo*, na última versão do roteiro (1991).[10] Essa cena se passa em uma barcaça, um cargueiro, no mar do Caribe.

Feche os olhos.

Imagine...

---

10 Item 68 da lista de Macdonald (2013: 230). Esse roteiro, creditado a Robert Bolt e David Lean, está na Coleção David Lean do British Film Institute, Box 13/21. Texto e formatação transcritos pelo autor.

97.   BARCAÇA NO MAR.   NOITE

SILÊNCIO e ESCURIDÃO. Minúsculos SONS começam a ser ouvidos; ondulações na água, o ranger da madeira, o chiar de cordas. Uma IMAGEM aparece.

A PROA da BARCAÇA navega pela água azul-escura e calma, criando uma pequena ONDA DE PROA gerada por FOSFORESCÊNCIA. Mais à frente da PROA, a superfície do GOLFO PLÁCIDO é refletida como um espelho em uma extravagante vista tropical das ESTRELAS e do ESPAÇO.

O espaço como se visto com um telescópio imenso; GALÁXIAS rosadas; NEBULOSAS e um CONJUNTO DE ESTRELAS em formato de nuvem.

A silhueta de NOSTROMO ao leme contra as estrelas como se ele conduzisse a BARCAÇA pelos céus. No SOM terreno o ranger de madeira, os respingos de água.

DECOUD olha para NOSTROMO, vendo-o de uma nova maneira, como o Argonauta.

Ele olha em volta, fascinado pela solidão, experimentando o mistério das grandes águas pela primeira vez.

DECOUD
É desolador.

Silêncio por um momento, em seguida surgem um SOM repentino e um clarão de LUZ. DECOUD se assusta.

NOSTROMO acende um fósforo e se inclina sobre a bússola. No SOM, a vela bate.

NOSTROMO
O vento está chegando.

O fósforo se apaga.

51

Referências

BRENES, Carmen Sofía. The Poetic Density of the Story as Key Issue in the Film Negotiation between Writer, Director and Producer. Potsdam, *7th Screenwriting Research Network International Conference*, 16th – 18th October, 2014.

_____. The Interaction between Screenplay, Performance and Screen Idea in two Latin-American films. London, *8th International Screenwriting Research Network Conference* 10th – 12th September, 2015.

BROWNLOW, Kevin. *David Lean: A Biography*. Londres: Richard Cohen, 1996.

CALDWELL, John T. *Production Culture. Industrial Reflexivity and Critical Practice in Film and Television*. Durham: Duke University Press, 2008.

_____. Screen Studies and Industrial "Theorizing". *Screen*, v. 50, nº 1, p. 167-179, Spring, 2009.

CONOR, Bridget E. Everybody's a Writer. Theorizing Screenwriting as Creative Labour. *Journal of Screenwriting*, v. 1, nº 1, p. 27-43, 2010.

_____. *Screenwriting: Creative Labour and Professional Practice*. Londres: Routledge, 2014.

CONRAD, Joseph. *Nostromo*. Nova York: Dover Publications Inc., 2002.

JENSEN, Klaus Bruhn (ed.). *A Handbook of Media and Communication Research. Qualitative and Quantitative Methodologies*. Londres: Routledge, 2002.

KOH, Wilson. "I am Iron Man": The Marvel Cinematic Universe and Celeactor Labour. *Celebrity Studies*, v. 5, nº 4, p. 484-500, 2014.

KOIVUMAKI, Marja-Riitta. *Dramaturgical Approach in Cinema: Elements of Poetic dramaturgy in A. Tarkovsky's Films*. Helsinki: Aalto University, 2016.

LAWRENSON, Edward. Call of the Wild. *Sight and Sound*, v. 26, nº 1, p. 22-26, jan., 2016.

MACDONALD, Ian W. *Screenwriting Poetics and the Screen Idea*. Basingstoke: Palgrave Macmillan, 2013.

MCKEE, Robert. *Story: Substance, Structure, Style and the Principles of Screenwriting*. Londres: Methuen, 1999.

MITTELL, Jason. *Complex TV*. Nova York: New York University Press, 2015.

NEWCOMB, Horace. Narrative and Genre. In: DOWNING, J. et al. (eds.). *The Sage Handbook of Media Studies*, 2004, p. 413-428.

NICHOLS, Bill. *Representing Reality*. Bloomington, Indiana: Indiana University Press, 1991.

PARKER, P. *The Art and Science of Screenwriting*. Exeter: Intellect Books, 1998.

PASOLINI, Pier Paolo. The Scenario as a Structure Designed to Become Another Structure. *Wide Angle*, v. 2, nº 1, p. 40-47, 1977.

REDVALL, Eva Novrup. *Writing and Producing Television Drama in Denmark: From the Kingdom to the Killing*. Basingstoke: Palgrave Macmillan, 2013.
RINDSKOPF, Jeff. *The Marvel Cinematic Universe Movies Ranked: From Worst to Best*, 2015. Disponível em: <http://www.cheatsheet.com/entertainment/the-marvel--cinematic-universe- movies-ranked-from-worst-to-best.html/?a=viewall>. Acesso em 24 mar. 2016.
_____. *The Three Best and Worst Crossover Movies*. 2016. Disponível em: <http://www.cheatsheet.com/entertainment/the-3-best-and-worst-crossover- movies.html/?a=viewall>. Acesso em 24 mar. 2016.
RIOUT, Denys. *Yves Klein: Expressing the Immaterial*. Paris: Editions Dilecta, 2011.
SILVERSTONE, Roger. *Television and Everyday Life*. Londres: Routledge, 1994.
THOMPSON, Kristin. Early Alternatives to the Hollywood Mode of Production: Implications for Europe's Avant-Gardes. In: GRIEVESON, L. e KRAMER, P. *The Silent Cinema Reader*. Londres: Routledge, 2004, p. 349-367.
VOGLER, Christopher. *The Writer's Journey: Mythic Structure for Storytellers and Screenwriters*. Londres: Boxtree, 1996.

Filmes e séries
BRON / BROEN / THE BRIDGE (2011-2015). Criado por Hans Rosenfeldt. Filmlance/Nimbus for SVT.
DR. ZHIVAGO (1965). Dirigido por David Lean. MGM/Carlo Ponti Production/Sostar.
FORBRYDELSEN / THE KILLING (2007-2012). Criado por Søren Sveistrup. Danmarks Radio.
GREAT EXPECTATIONS (1946). Dirigido por David Lean. Cineguild/National Symphony Orchestra.
HUNTED (2015-2016). Dirigido por Miles Blayden-Ryall e outros. Shine TV for Channel 4.
LAWRENCE OF ARABIA (1962). Dirigido por David Lean. Horizon Pictures.
SHERLOCK (2010-2016). Criado por Mark Gatiss e Steven Moffat. Hartswood for BBC.
THE BRIDGE ON THE RIVER KWAI (1957). Dirigido por David Lean. Columbia Pictures/Horizon Pictures.
THE REVENANT (2015). Dirigido por Alejandro Iñárritu. Regency Entrerprises/RatPac Entertainment.
THE WIRE (2002-2008). Criado por David Simon. Blown Deadline for HBO.
TREASURE HUNT (1982-1989). Dirigido por James Hodgetts e outros. Chatsworth TV for Channel 4.

Algumas posturas e trajetórias da pesquisa em roteiro[1]

Steven Maras

É difícil definir o roteiro audiovisual como uma área do conhecimento, assim como é difícil identificar o objeto dos estudos de roteiro. Em meu livro *Roteiro: história, teoria e prática* (2009),[2] elaborei a seguinte conclusão sobre esse "problema do objeto":

> O roteiro não é um "objeto" em nenhum sentido: é uma prática e, como tal, se vale de um conjunto de processos, técnicas e dispositivos que se organizam de maneiras diferentes em momentos distintos. Embora esse arranjo se relacione com o que pode ser visto como um "objeto" - digamos, um roteiro ou um filme - não está claro se é o roteiro ou o filme que deve ser tratado como um objeto nesse contexto: os roteiros se transformam ao longo de toda a produção dos filmes, variam em forma e função e de acordo com os diferentes tipos de produção no cinema; e os filmes são muito mais do que meros produtos que só existem no final do processo (Maras, 2009: 11).

O livro propõe e explora uma abordagem de "discurso" que não resolve o problema do objeto, mas nos permite esclarecê-lo, focar mais cuidadosamente nele, e olhar para discursos específicos e para como eles constroem um roteiro.

Aqui, pretendo tratar do problema do objeto de forma ligeiramente diferente, sob a perspectiva da pesquisa de roteiro como uma área. Muitos campos de estudo enfrentam problemas de objeto em algum grau (embora talvez não tão agudamente quanto a pesquisa em roteiro). Em vez de eliminar ou banir a instabilidade do objeto, podemos ser mais cautelosos em relação à compreensão e à articulação de diferentes abordagens para as pesquisas de roteiro, e às relações de objeto que elas representam ou implicam. Quero abordar essa meta de duas formas: primeiro, identificando quatro

---

1 Publicado originalmente como "Some Attitudes and Trajectories in Screenwriting Research", no *Journal of Screenwriting*, v. 2, nº 2, 2011. (N.T.)
2 Não publicado no Brasil. (N.T.)

posturas gerais de abordagem que existem na pesquisa de roteiro, e, segundo, mapeando algumas das diferentes trajetórias dessas pesquisas.

Quatro posturas: restaurativa, exemplificativa, evangélica e descritivista

Em relação às posturas de abordagem propostas, é importante destacar que não tenho a pretensão de apreender o estilo de todos os estudos feitos no campo da pesquisa de roteiro. Porém, as quatro posturas abaixo são comuns o suficiente para merecerem destaque.

A primeira postura de abordagem conecta o roteiro com uma estrutura de correção de erros. O crítico se ocupa em retificar a marginalização do roteiro ou a atribuição da autoria do diretor para o roteirista, por exemplo. Defino isso como abordagem *restaurativa*. Essa abordagem pode gerar uma reação aos estudos literários, ou à política do sistema de estúdio, ou à teoria do autor.[3]

Uma segunda postura de abordagem é a *exemplificativa*, na qual o crítico toma o roteiro como um exemplo perfeito de texto pós-moderno (ver Kohn, 2000), ou de um texto de vários autores, ou de um texto com várias versões. O que esses dois pensamentos têm em comum é a sensação de que os problemas que eles expressam podem predeterminar o campo ou espaço do roteiro, mesmo que conduzam a diferentes formas de pensar sobre o roteiro. A exemplificação, por definição, envolve um "padrão" determinante de acordo com o objeto explorado. A postura de abordagem restaurativa, da mesma maneira, orienta previamente a pesquisa em torno de uma lacuna, de algo que falta ou de uma marginalização que precisa ser tratada.

Um risco para ambas as abordagens é uma perspectiva excessivamente predeterminada. Podemos tomar como exemplo o caso de como uma perspectiva restaurativa pode se envolver com a política dos autores, e seu posicionamento do cinema ou da *mise-en-scène* em oposição ao literário (Truffaut, 1976). Astruc conclui: "Isso, é claro, implica que o roteirista dirija seus próprios roteiros; ou melhor, que o roteirista deixe de existir, uma vez que nesse tipo de filme, a distinção entre o roteirista e o diretor perde todo o significado" (Astruc, 1968: 22). A partir de uma leitura mais superficial, isso pode ser en-

---

3 Para complicar ainda mais, a política dos autores também poderia ser classificada como uma espécie de abordagem restaurativa, pois busca restaurar a dimensão cinematográfica da expressão fílmica. Nesse sentido, também poderia ser visto como evangélica (ver a discussão a seguir).

tendido como uma marginalização do roteiro e da escrita. Mas essa não é a única interpretação possível, e no caso de Astruc seus comentários estão atrelados ao surgimento de uma nova maneira de expressão e escrita.

Uma sensação de injustiça pode se perpetuar na abordagem restaurativa, que pode levar a uma exagerada ênfase na invisibilidade e na exploração do roteirista no sistema produtivo dos estúdios, e em uma dependência de referências históricas específicas que apoiem essa perspectiva. Embora a principal característica definidora do ponto de vista restaurativo seja a de retificar uma dada injustiça, estou tentando captar um aspecto que está mais diretamente relacionado à ideia de "restauração": isso tem a ver com a maneira com que essa visão busca restaurar o roteiro ou o autor a um lugar ou posição específica. Portanto, essa visão tem um profundo investimento em uma determinada ordem ou regime de conhecimento. Dito isso, o projeto restaurativo pode estar ligado a um importante movimento político na pesquisa de roteiro, que busca fazer justiça à prática e à forma, dando atenção a silêncios e ausências nos discursos literários, narratológicos e mesmo nos estudos cinematográficos. Pode ser um passo importante de um movimento de levar o roteiro a sério, de contestar a construção ou a apropriação do roteiro por debates específicos, e o início de um processo de se falar sobre a pesquisa de roteiro em termos próprios, em vez de sempre ouvir falar dela através de outras abordagens e disciplinas.

A terceira postura é a *evangélica*, na qual o crítico defende ou prega uma conversão teórica e/ou prática. Penso no meu próprio apelo por uma abordagem pluralista da escrita (Maras, 2009: 170-186). O cerne dessa visão é a questão em torno das relações entre a pesquisa e a prática de roteiro. Como Ian W. Macdonald notou:

> O roteiro é hoje um assunto acadêmico mais amplo do que o processo industrial de mesmo nome, e envolve abordagens que vão do campo sociológico ao psicológico. Mas a constatação de que a ideia audiovisual envolve mais do que a escrita do roteiro já trouxe seus próprios problemas para os acadêmicos [...] (Macdonald, 2010a: 8).

Entre as possibilidades teóricas, acadêmicas e criativas da área e os processos industriais que podem definir a prática convencional, há potencial para evangelização.

Uma vez que se concede uma separação entre as possibilidades criativas da ideia audiovisual e os processos industriais de escrita do roteiro, surge um debate filosófico. A discussão se dá entre uma teoria da verdade de "correspondência", que pode dizer que o que acontece na escrita real do roteiro é fundamental ou primário, e uma abordagem "construtivista", que diz que os processos industriais em si não merecem nenhum privilégio específico. A teoria da correspondência coloca a prática real ou da indústria acima do discurso; a abordagem construtivista (ou constitutiva) vê a prática como formada pelo discurso e vinculada a ele, e questiona o conceito de indústria em relação às diferentes formas de trabalhar.

A última postura é a *descritivista* ou *nominalista*, que focaliza as diferentes configurações das relações escritor-diretor e os arranjos colaborativos. Essa visão é importante para estabelecer a diversidade de práticas que definem o roteiro, mas pode se transformar em um catálogo de alternativas e maneiras diferentes de fazer as coisas que nem sempre se conectam com os princípios de todos. Essa visão poderia contribuir mais para abordar a questão do "e daí?", que assombra todas as pesquisas. E, a partir disso, conectar suas descrições para transformar nossa ideia de abordagem dominante, abrir uma nova abordagem para escrever para a tela ou fornecer *insights* históricos e contextuais além das práticas específicas consideradas.

Mapeando trajetórias de pesquisa

Partindo para a próxima tarefa, existem algumas abordagens ou trajetórias de pesquisa dominantes que podem ser mapeadas. Se não tomarmos consciência disso, corremos o risco de ignorar uma herança acadêmica, negligenciando em nossa pesquisa diálogos e pesquisas anteriores. A pesquisa em roteiro é uma área relativamente nova, mas não é, e possivelmente nunca foi, um campo completamente vago. E quero sugerir que há em jogo algumas estruturas distintas de pesquisa.

É claro que qualquer mapeamento é potencialmente polêmico. Cada pesquisador de roteiros pode criar um mapa diferente. Alguns irão preferir uma divisão da pesquisa de roteiro de acordo com o assunto, gêneros ou áreas de prática (animação, documentário, terror etc.). Alguns irão defini-lo de acordo com a prática real, outros, de acordo com uma perspectiva teórica (abrindo, assim, uma possível tensão entre "pesquisa do roteiro" como um estudo estrito da prática real e concreta, e "pesquisa em roteiro" como um estudo crítico mais amplo do campo e de suas possibilidades). Alguns podem até rejeitar o mapeamento do campo como algo fechado, e vão insistir na prioridade da interdisciplinaridade e da diversidade de perspectivas.

Aqui, quero identificar sete trajetórias da pesquisa de roteiro:

1. Formalista
2. Narratológica
3. Estilística
4. Histórica
5. Industrial/Institucional
6. Conceitual
7. Prática

Algumas ressalvas aqui: a intenção é ir mais na direção da definição e da articulação do que na do reducionismo e do imperialismo. O "território" da pesquisa de roteiro não é fixo, mas se desenvolve a partir de conceitos e ideias específicas. Partes de algumas trajetórias coincidem com a de outras, de modo que essa taxonomia não é estrita; historicamente, algumas se desenvolveram a partir das outras, e diferentes autores misturam mais de uma. Finalmente, discutindo essas trajetórias no espaço disponível, menciono alguns teóricos, sem conseguir abarcar a todos. Assim, inevitavelmente haverá omissões.

1. *Formalista.* Esta trajetória de pesquisa debate a natureza do roteiro, como ele é usado e o seu propósito. Algumas de suas figuras-chave são Lev Kuleshov, Dziga Vertov e Osip Brik, mas possivelmente há uma segunda fase na experimentação cinematográfica estruturalista/materialista dos anos 1970 (Gidal, 1976), que herda o foco nos dispositivos e problematiza o lugar do roteiro ao se recusar a ver o filme como um veículo tradicional de "representação" e narrativa. O livro *Esculpir o tempo* (1986), de Andrei Tarkovsky, é, talvez, a mais significativa publicação recente dessa trajetória de pesquisa, fundindo uma consideração formalística de *mise-en-scène* com uma reflexão conceitual de ideia

cinematográfica. Essa trajetória de pesquisa considera o que constitui o roteiro, bem como a distinção entre material literário e fílmico e os aspectos cinematográficos do filme. Apesar do teor filosófico, é marcada por um notável investimento em problemas práticos e, portanto, se conecta à pesquisa baseada na prática (ver abaixo). Em alguns aspectos, essa trajetória de pesquisa também coincide com a trajetória estilística (como na obra de Béla Balázs), e é talvez suplantada por ela, bem como pelas vertentes narratológica e conceitual. Mas sua contínua relevância pode ser encontrada nos problemas relacionados com a ontologia do roteiro (Pasolini, 2005), com a realização da ideia e com a literariedade.

2. *Narratológica*. O foco principal dessa trajetória de pesquisa é nas práticas de estruturação, enredo e gênero em relação à narrativa e, assim, este talvez seja o campo mais difundido da pesquisa atualmente, abrangendo um leque de figuras desde Aristóteles a Epes Winthrop Sargent (1914) e Frances Taylor Patterson (1921), passando por Syd Field (1994), e pelos estudos narrativos de Kristin Thompson (1999). Essa trajetória, no entanto, tem numerosas e diversas correntes, incluindo a da estrutura de três atos (Field, 1994; Aronson, 2000); a dos gêneros literários e cinematográficos (Dancyger e Rush, 1995; Morrissette, 1985; Bluestone, 1957); a da narrativa cinematográfica, das dinâmicas entre enredo e trama, e da narrativa clássica (Bordwell, 1985); a da teoria narrativa (Barthes, 1974, 1977); a de personagem (Seger, 1990); a de mito e arquétipo (Campbell, 1988; Vogler, 1988); e a das tradições orais e de roteiro (Ganz, 2010). Essa trajetória propõe uma ligação entre roteiro, técnicas narrativas e dramatúrgicas mais abrangentes e teorias narrativas acadêmicas de um tipo mais convencional na teoria cinematográfica e literária (Chatman, 1978). Devido à predominância de "gurus do roteiro" na área, essa trajetória de pesquisa pode ser caracterizada por tensões entre perspectivas "acadêmicas" e "práticas". Intertextualidade e adaptação também são conceitos importantes, dada a frequência desses termos nos estudos literários e cinematográficos dos últimos 30 anos.

3. *Estilística*. Essa trajetória de pesquisa está relacionada à narratológica, mas se distingue desta devido ao seu foco na criação de efeitos lin-

guísticos na escrita. Ela se relaciona, portanto, aos modos de leitura e comunicação. Frequentemente ligada à forma textual e à análise de roteiro (Nelmes, 2011), essa trajetória abarca o lugar das palavras e imagens nos roteiros (Millard, 2006, 2010), e as mudanças de exigências do formato. Outras figuras-chave são Pier Paolo Pasolini (2005), Richard Corliss (1972, 1974), Claudia Sternberg (1997), Jeff Rush (ver Rush e Baughman, 1997), Ian W. Macdonald sobre o "Estilo inglês" em roteiros silenciosos (2009), e Steven Price (2010). A obra de Price é uma contribuição notável e significativa nesse contexto por conta da forma como aprofunda os primeiros trabalhos de Sternberg, atravessando as trajetórias narratológica, estilística e formalista de maneira única. Ela também dá mais ênfase às questões estilísticas e formais em comparação a questões narratológicas mais convencionais, como estrutura e personagem.

4. *Histórica.* A trajetória histórica tem grande abrangência, envolvendo desde a história da indústria cinematográfica (Hampton, 1970), passando por biografias e relatos pessoais (Brownlow, 1968); história das técnicas (Jacobs, 1939); história revisionista do cinema, voltada para os modos da prática cinematográfica e modos de produção (Staiger, 1979, 1980, 1983, 1985); e pelas lutas trabalhistas institucionais (Wheaton, 1973; Ceplair e Englund, 1980). Trabalhos formais na historiografia do roteiro incluem as obras pioneiras fundamentais de Richard Corliss (1972), Edward Azlant (1980) e Tom Stempel (2000), além de obras sobre roteiristas mulheres (McCreadie, 1994; Francke, 1994), e a história literária de Richard Fine (1993). Também há obras significativas em diferentes contextos nacionais: Andrew Spicer (2007), Ian W. Macdonald (2004a, 2007, 2008, 2009, 2011) e Jill Nelmes (2010) sobre o roteiro britânico; Janet Staiger e Patrick Loughney (1997) nos Estados Unidos; Raija Talvio (2010) na Finlândia; Eva Novrup Redvall na Dinamarca (2010); Stuart Cunningham (1987) a respeito dos primeiros roteiros australianos; e Isabelle Raynauld (1997) sobre o cinema francês antigo.

5. *Industrial/Institucional.* Apesar de se tratar de uma análise de inúmeros estudos históricos (Epes Winthrop Sargent, Benjamin Hampton, Lewis

Jacobs), esta é uma trajetória de pesquisa por direito próprio, em cujo centro estão obras seminais de Janet Staiger acerca do roteiro como planta baixa e a divisão do trabalho no sistema de estúdios (1985). Também se incluem aqui, no entanto, trabalhos sobre o cinema antigo (Loughney, 1997); a relação entre financiamento e teoria (Sainsbury, 2003); o cinema *high-concept* (Wyatt, 1994); a pedagogia e o currículo (Macdonald, 2001); e a escola de cinema (Geuens, 2000; Redvall, 2010).

6. *Conceitual.* A trajetória conceitual se foca no *status* das ideias na produção e no desenvolvimento dos projetos. Desde as primeiras obras de Edward Azlant acerca do design de narrativas (Azlant, 1980) ao enfoque no desenvolvimento da ideia audiovisual e no papel do grupo de trabalho da ideia audiovisual (Macdonald, 2004a), esta linha de pesquisa também explora a colaboração entre diferentes profissionais do cinema, bem como diferentes formas de expressão e composição (Carrière, 1995; Millard, 2010).

7. *Prática.* Em vez de definir esta trajetória de pesquisa como o simples uso de entrevistas e citações de profissionais do cinema, é correto afirmar que ela está relacionada ao crescente reconhecimento da investigação baseada na prática como uma metodologia de pesquisa. Uma vez que é tanto uma abordagem quanto um tema, a pesquisa prática comumente se cruza com outras abordagens de pesquisa em roteiro. É frequentemente caracterizada pelo foco nos estudos de casos particulares de roteiristas importantes, ou estudos de caso de primeira mão. Sua relevância nessa área está ligada ao fato de que a pesquisa de roteiro é frequentemente feita por indivíduos dotados de habilidades tanto práticas quanto acadêmicas. Exemplos fundamentais incluem a teorização da prática de Millard (2006) e Nelmes (2010), e talvez mesmo as obras menos recentes de Dudley Nichols (1942) e Osip Brik (1974, publicada pela primeira vez em 1936).

Propondo estas sete trajetórias de pesquisa, minha intenção é ajudar a compreender uma era que surge e se desenvolve. Espero que elas não sejam específicas ou estreitas demais, mantendo abertas diferentes opções para pesquisa em roteiro, e também mantendo contato com questões disciplinares e tendências mais amplas nas humanidades. Essas linhas de pesquisa podem acabar traçando a base de um projeto de fiscalização de fronteiras, o que seria um engano, uma vez que o objetivo é, primeiro, reconhecer a profundidade de trabalhos já feitos na área do roteiro e, segundo, identificar as correntes que conectam a pesquisa em roteiro a uma gama de formações teóricas e tendências mais amplas na academia.

Dito isto, as trajetórias de pesquisa que proponho desempenham um complexo "papel de equilíbrio" em relação a ideias ou abordagens particulares, três das quais vale mencionar. Enquanto a *adaptação* poderia realmente ser posta à frente como uma abordagem própria, relaciono-a fundamentalmente às dimensões intertextual e narratológica. No entanto, a adaptação também pode ser explorada de forma interessante por meio das linhas conceitual, estilística ou baseada na prática, o que justifica minha decisão de não colocá-la como uma trajetória de pesquisa distinta. De forma semelhante, não trato como trajetórias distintas as abordagens *feministas* e *pós-coloniais* que focalizam diferentes culturas cinematográficas e de roteiro. Isto se deve à possibilidade de explorar todas as abordagens mencionadas das perspectivas feminista e pós-colonial, e aqui não pretendo ser prescritivista (mas tampouco indiferente).

A escrita do roteiro e a produção de textualidades imagéticas são uma área fascinante, e é inevitável que pesquisadores de diversas origens queiram (e devam) se envolver com o roteiro. Portanto, é importante reconhecer que a pesquisa em roteiro não exerce monopólio particular sobre roteiros ou documentos de produção como objetos de pesquisa, e que uma sociologia ou antropologia do roteiro é completamente possível – embora eu sugira que, caso estes estudos sejam desenvolvidos, possam se enquadrar em uma linha de pesquisa já estabelecida da sociologia ou antropologia, ou nos domínios emergentes de pesquisa em roteiro, ou da atravessar ambos os domínios. Trata-se de um problema endêmico de qualquer mapeamento o fato de que o território pode se estender para além do mapa, e, ao encarar esse tipo de questão, minha inclinação seria a de seguir o curso do trabalho e dos conceitos e descobrir se a atual trajetória evolui ou se uma nova surge.

Dentre essas sete trajetórias, quero abordar especificamente a área industrial/institucional, pois este campo apresenta alguns desafios específicos (e também porque ele representa um aspecto latente do meu próprio trabalho no discurso de roteiro). Em alguns pontos, essa trajetória de pesquisa em roteiro se relaciona à análise de produção (ver Newcomb e Lotz, 2002: 62). Distanciando-se dos estudos de recepção na pesquisa de mídia, a análise de produção vai além das generalizações acerca do processo de produção (de massa) em busca de significado nas variações das rotinas de produção. Ela se vale de uma abordagem analítica de diversas camadas (incorporando o estudo de economia política, contextos industriais, organizações particulares e programas individuais) para extrair forças de padronização e diferenciação. Dada a importância dos processos de escrita de roteiro para a criação de mídias ficcionais (e não ficcionais), a pesquisa em roteiro pode trazer um foco específico para tais estudos. Ela pode alargar nossa compreensão de indústrias e instituições para além de um entendimento abstrato e, por vezes, funcionalista, sobre a relativa autonomia dos profissionais de mídia e sistemas de influência, através da dissecação da identidade e das políticas das práticas de roteiro e escrita audiovisual em diferentes épocas e contextos.

Temos alguns estudos na área industrial/institucional voltados para determinadas instituições. O trabalho tem sido o foco principal (Conor, 2010; Staiger, 1979, 1983). Contudo, no meu entendimento, não temos ainda totalmente desenvolvida uma análise do todo da instituição, focada na prática do roteiro, e nas definições concorrentes de história e escrita para as telas. Pode ser que essa abordagem não seja ideal para todas as culturas fílmicas, e eu venho de um contexto particular (Austrália) em que o financiamento público é essencial para a produção de muitos filmes.

De relevância particular nesta área é o nexo entre financiamento e teoria: ou seja, como as teorias e os julgamentos estéticos contribuem para as decisões industriais e moldam a cultura audiovisual (Maras, 2009: 25). Mas, conquanto seja possível identificar exemplos de como esse nexo opera em direção a um afunilamento de possibilidades conceituais (ver Millard, 2010: 12; Castrique, 1997), as análises institucionais levantam uma ampla gama de considerações acerca do resguardo das tradições e de como ele opera, e nesse sentido talvez o jornalismo e os estudos de mídia tenham levado mais adiante essas análises (ver Gans, 1979).

O que uma análise institucional com foco no roteiro pode fornecer? Já sugeri como ela pode ampliar a análise de produção. O roteiro é evidentemente central na vida das mídias ficcionais, mas os debates e as questões que o envolvem estão (como os pesquisadores de roteiro já mostraram) longe de se encontrarem resolvidos. Além disso, perspectivas industriais/institucionais poderiam conectar a pesquisa de roteiro de forma mais central aos debates de cultura audiovisual, e prover um relato melhor de como ela opera em diferentes partes do mundo. A obra de Redvall, na Dinamarca, Talvio, na Finlândia dos anos 1930, Raynauld, na França, e o trabalho de J. J. Murphy, na cena independente dos Estados Unidos (2010), representam contribuições bem-vindas.

Como uma análise institucional voltada para a escrita de roteiro deveria ser? Ela deveria trazer à tona um contexto organizacional de decisões muito maior, bem como as formas de conhecimento, poder e julgamentos envolvidos. Deveria fornecer um sentido de *discurso na ação*. Isto é, deveria mostrar como diferentes conceitos e teorias do roteiro circulam e tornam-se parte das normas de uma instituição e das atividades internalizadas de produção de sentido de uma organização e, além disso, fornecem um entendimento da cultura audiovisual e o contexto mais amplo de consumo e recepção das mídias. Esse é um aspecto da análise institucional ainda incipiente – avaliar as considerações institucionais em comparação com os filmes produzidos.

Uma análise institucional precisa ir além das tensões e dos ressentimentos do meio e tratar das questões fundamentais quanto à forma da prática em questão, quanto a que "lógica da prática" está em jogo (Bourdieu, 1990),[4] que tipo de escrita para a tela, que concepção de narrativa, e se o roteiro é ou não uma área autônoma do processo de produção. A escolha da instituição aqui é fundamental e, no momento, temos alguns estudos preliminares acerca da avaliação da escrita criativa de roteiro na educação superior (Macdonald, 2001) voltada para padrões e normas, e para o equilíbrio entre habilidade e fundamentação teórica. Os trabalhos de Jean-Pierre Geuens (2000), Macdonald (2004b) e Redvall (2010) sugerem que as escolas de cinema são um contexto institucional interessante. De forma similar, corpos de financiamento e seus processos podem ser campos de pesquisa muito promissores.

---

4   Em termos das perspectivas de desenvolvimento na área industrial/institucional, ver a relação de Macdonald com Bourdieu, especialmente seu uso de Bourdieu para falar acerca do *doxa*, o entendimento comum de como "isso" deveria funcionar (ou não) (Macdonald, 2004b, 2009, 2010b). A relevância da obra de Bourdieu para a pesquisa em roteiro e as limitações de seu campo de pesquisa, especialmente no que diz respeito à autonomia da área (Bourdieu, 2005), ainda estão sendo determinadas.

Embora eu valorize todas as trajetórias de pesquisa acima discutidas, claramente a abordagem narratológica está em ascensão. Ainda assim, a trajetória industrial/institucional tem um papel importante na produção de uma descrição da pesquisa em roteiro com mais nuances, material e consciência institucional, que a conecta a uma cultura audiovisual mais ampla, em vez de tratar o roteiro como uma área separada. Isso, por sua vez, vai influenciar a forma como a pesquisa em roteiro conduz a tarefa de se situar no cenário mais amplo das ciências humanas e sociais.

Conforme espero ter demonstrado acima, o "problema de objeto", ainda que represente um verdadeiro desafio para a pesquisa em roteiro, não deve ser construído apenas sobre termos negativos. Cada uma das trajetórias acima explicitadas sublinha uma dimensão importante do empreendimento do roteiro, e a interação entre elas aponta para um importante aspecto multidimensional ao qual os pesquisadores de roteiro devem se adaptar e responder. A melhor resposta ao problema de objeto não é se livrar dele – ele é produtivo e fundamental demais –, mas articular mais claramente as posturas e vertentes específicas da pesquisa em roteiro e construir a partir delas.

Agradecimentos

Sou grato a Ian W. Macdonald por suas sugestões quanto à edição deste discurso, e também aos participantes da conferência de Copenhagen, que questionaram minhas ideias e ofereceram sugestões adicionais.

Referências

ARONSON, L. *Scriptwriting Updated: New and Conventional Ways of Writing for the Screen*. North Ryde: Australian Film Television and Radio School/St Leonards: Allen and Unwin, 2000.

ASTRUC, A. The Birth of a New avant-garde: le camera-stylo. In: GRAHAM, P. (ed.). *The New Wave*. Londres: Secker and Warburg, 1968, p. 17-24.

AZLANT, E. *The Theory, History, and Practice of Screenwriting, 1897-1920*, Ph.D. thesis, Madison, WI: University of Wisconsin, 1980.

BALÁZS, B. *Theory of the Film: Character and Growth of a New Art*. Nova York: Dover Publications Inc., 1970.

BARTHES, R. *S/Z: An Essay* (trans. R. Miller). Nova York: Hill and Wang, 1974.

_____. *Image, Music, Text* (ed. and trans. S. Heath). Londres: Fontana, 1977.

BLUESTONE, G. *Novels into Film*. Baltimore: Johns Hopkins Press, 1957.

BORDWELL, D. *Narration in the Fiction Film*. Londres: Methuen, 1985.

BOURDIEU, P. *The Logic of Practice* (trans. R. Nice). Cambridge: Polity Press, 1990.

_____. The Political Field, the Social Science Field, and the Journalistic Field. In: BENSON, R. e NEVEU, E. (eds.). *Bourdieu and the Journalistic Field*. Cambridge: Polity Press, 2005, p. 29-47.

BRIK, O. From the Theory and Practice of the Screenwriter. *Screen, The Journal of the Society for Education in Film and Television*, v. 15, nº 3, p. 95-103, Autumn, 1974.

BROWNLOW, K. *The Parade's Gone By …* Berkeley: University of California Press, 1968.

CAMPBELL, J. *The Hero with A Thousand Faces*. Londres: Fontana Press, 1988.

CARRIÈRE, J. C. *The Secret Language of Film*. Londres: Faber and Faber, 1995.

CASTRIQUE, S. Add One Writer and Stir: Recipe or Feast? *Media International Australia*, 85, 1997, p. 102-106.

CEPLAIR, L. e ENGLUND, S. *The Inquisition in Hollywood: Politics in the Film Community, 1930-1960*. Garden City, New York: Anchor Press/Doubleday, 1980.

CHATMAN, S. *Story and Discourse: Narrative Structure in Fiction and Film*. Ithaca: Cornell University Press, 1978.

CONOR, B. "Everybody's a Writer": Theorising Screenwriting as Creative Labour. *Journal of Screenwriting*, v. 1, nº 1, p. 27-43, 2010.

CORLISS, R. (ed.). *The Hollywood Screenwriters*. Nova York: Avon Books, 1972.

_____. *Talking Pictures: Screenwriters in the American Cinema, 1927-1973*. Woodstock, Nova York: Overlook Press, 1974.

CUNNINGHAM, S. Negotiating the Difference: The Chauvel School of Scenario Writing. In: O'REGAN, T. e SHOESMITH, B. (eds.). *History on/and/in Film*. Perth: History and Film Association of Australia, 1984, p. 81-89.

DANCYGER, K. e RUSH, J. *Alternative Scriptwriting: Writing Beyond the Rules*, 2nd ed. Boston: Focal Press, 1995.

FIELD, S. *Screenplay: The Foundations of Screenwriting*, 3rd ed. Nova York: Dell Publishing, 1994.

FINE, R. *West of Eden: Writers in Hollywood, 1928-1940*. Washington: Smithsonian Institution Press, 1993.

FRANCKE, L. *Script Girls: Women Screenwriters in Hollywood*. Londres: British Film Institute, 1994.

GANS, H. *Deciding What's News: A Study of CBS Evening News, NBC Nightly News, Newsweek & Time*. Nova York: Pantheon Books, 1979.

GANZ, A. Time, Space and Movement: Screenplay as Oral Narrative. *Journal of Screenwriting*, v. 1, nº 2, p. 225-236, 2010.

GEUENS, J. P. *Film Production Theory*. Albany: State University of New York, 2000.

GIDAL, P. *Structuralist Film Anthology*. Londres: British Film Institute, 1976.

HAMPTON, B. B. *History of the American Film Industry: From Its Beginnings to 1931*. Nova York: Dover Publications, Inc., 1970.

JACOBS, L. *The Rise of the American Film: A Critical History*. Nova York: Harcourt, Brace and Co., 1939.

KOHN, N. The Screenplay as Postmodern Literary Exemplar: Authorial Distraction, Disappearance, Dissolution. *Qualitative Inquiry*, v. 6, nº 4, p. 489-510, 2000.

LOUGHNEY, P. G. From Rip Van Winkle to Jesus of Nazareth: Thoughts on the Origins of the American Screenplay. *Film History*, v. 9, nº 3, p. 277-290, 1997.

MACDONALD, Ian W. The Assessment of Creative Screenwriting in Higher Education. *Journal of Media Practice*, v. 2, nº 2, p. 70-82, 2001.

_____. Disentangling the Screen Idea. *Journal of Media Practice*, v. 5, nº 2, p. 89-99, 2004a.

_____. Manuals are not Enough: Relating Screenwriting Practice to Theories. *Journal of British Cinema and Television*, v. 1, nº 2, p. 260-274, 2004b.

_____. Struggle for the Silents: the British Screenwriter from 1910 to 1930. *Journal of Media Practice*, v. 8, nº 2, p. 115-128, 2007.

_____. Mr. Gilfil's Love Story: Film Adaptation in the 1920s. *Journal of British Cinema and Television*, v. 5, nº 2, p. 223-241, 2008.

_____. The Silent Screenwriter: the Re-Discovered Scripts of Eliot Stannard. *Comparative Critical Studies, The Journal of the British Comparative Literature Association*, v. 6, nº 3, p. 385-400, 2009.

_____. Editorial. *Journal of Screenwriting*, v. 1, nº 1, p. 7-10, 2010a.

_____. "So it's Not Surprising I'm Neurotic" The Screenwriter and the Screen Idea Work Group. *Journal of Screenwriting*, v. 1, nº 1, p. 45-58, 2010b.

_____. Screenwriting in Britain 1895–1930. In: NELMES, J. (ed.). *Analysing the Screenplay*. Londres: Routledge, 2011, p. 44-67.

MARAS, S. *Screenwriting: History, Theory and Practice*. Londres: Wallflower Press, 2009.

MCCREADIE, M. *The Women Who Write the Movies: From Frances Marion to Nora Ephron*. Nova York: Birch Lane Press, 1994.

MILLARD, K. Writing for the Screen: Beyond the Gospel of Story. *Scan, Journal of Media Arts Culture*, v. 3, nº 2, 2006. Disponível em: http://scan.net.au/scan/journal/display.php?journal_id=77. Acesso em 22 dez. 2010.

_____. After the Typewriter: the Screenplay in a Digital Era. *Journal of Screenwriting*, v. 1, nº 1, p. 11-25, 2010.

MORRISSETTE, B. *Novel and Film: Essays in Two Genres*. Chicago: University of Chicago Press, 1985.

MURPHY, J. J. No Room for the Fun Stuff: the Question of the Screenplay in American Indie Cinema. *Journal of Screenwriting*, v. 1, nº 1, p. 175-196, 2010.

NELMES, J. Some Thoughts on Analysing the Screenplay, the Process of Screenplay Writing, and the Balance Between Craft and Creativity. *Journal of Media Practice*, v. 8, nº 2, p. 107-113, 2007.

_____. Collaboration and Control in the Development of Janet Green's Screenplay Victim. *Journal of Screenwriting*, v. 1, nº 2, p. 255-271, 2010.

_____. (ed.) *Analyzing the Screenplay*. Londres: Routledge, 2011.

NEWCOMB, H. e LOTZ, A. The Production of Media Fiction. In: JENSEN, K. B. (ed.). *Handbook of Media and Communications Research: Qualitative and Quantitative Research Methodologies*. Londres: Routledge, 2002, p. 62-77.

NICHOLS, D. Film Writing. *Theatre Arts*, v. 26, nº 7, p. 770-774, December, 1942.

PASOLINI, P. P. The Screenplay as a "Structure that Wants to Be Another Structure". In: BARNETT, L. K. (ed.), *Heretical Empiricism*. Washington, D. C: New Academic Publishing LLC, 2005, p. 187-196 [originally published in Pasolini, Pier Paolo (1966) Uccellacci e Uccellini. Milan, Garzanti].

PATTERSON, F. T. *Cinema Craftsmanship: A Book for Photoplaywrights*. Nova York: Harcourt, Brace and Company, Inc., 1921.

PRICE, S. *The Screenplay: Authorship, Theory and Criticism*. Basingstoke: Palgrave Macmillan, 2010.

RAYNAULD, I. Written Scenarios of Early French Cinema: Screenwriting Practices in the First Twenty Years. *Film History*, v. 9, nº 3, p. 257-268, 1997.

REDVALL, E. N. Teaching Screenwriting in a Time of Storytelling Blindness: the Meeting of the Auteur and the Screenwriting Tradition in Danish Filmmaking. *Journal of Screenwriting*, v. 1, nº 1, p. 59-81, 2010.

RUSH, J. e BAUGHMAN, C. Language as Narrative Voice: the Poetics of the Highly Inflected Screenplay. *Journal of Film and Video*, v. 49, nº 3, p. 28-37, Fall, 1997.

SAINSBURY, P. Visions, Illusions and Delusions: Part II. *Realtime*, 54, 2003. Disponível em: http://www.realtimearts.net/article/issue54/7051. Acesso em 22 dez. 2010.

SARGENT, E. W. The Literary Side of Pictures. *Moving Picture World*, v. 21, nº 2, p. 199-202, July, 1914.

SEGER, L. *Creating Unforgettable Characters*. Nova York: Henry Holt and Company, 1990.

SPICER, A. The Author as Author: Restoring the Screenwriter to British film History. In: CHAPMAN, J.; GLANCY, M. e HARPER, S. (eds.). *The New Film History: Sources, Methods, Approaches*. Basingstoke: Palgrave/Macmillan, 2007, p. 89-103.

STAIGER, J. Dividing Labor for Production Control: Thomas Ince and the Rise of the Studio System. *Cinema Journal*, v. 18, nº 2, p. 16-25, Spring, 1979.

_____. Mass Produced Photoplays: Economic and Signifying Practices in the First Years of Hollywood. *Wide Angle*, v. 4, nº 3, p. 12-27, 1980.

_____. "Tame" Authors and the Corporate Laboratory: Stories, Writers and Scenarios in Hollywood. *Quarterly Review of Film Studies*, v. 8, nº 4, p. 33-45, Fall, 1983.

_____. Blueprints for Feature Films: Hollywood's Continuity Scripts. In: BALIO, T. (ed.). *The American Film Industry*, Revised Edition. Madison, Wisconsin: University of Wisconsin Press, 1985, p. 173-192.

STEMPEL, T. *FrameWork: A History of Screenwriting in the American Film*, 3rd ed. Nova York: Syracuse University Press, 2000.

STERNBERG, C. *Written for the Screen: The American Motion-Picture Screen-play as Text*. Tübingen: Stauffenburg-Verlag, 1997.

TALVIO, R. "First of All, the Screenplay Problem Has to Be Solved": the Public Debate on Screenwriting in 1930s Finland. *Journal of Screenwriting*, v. 1, nº 2, p. 325-342, 2010.

TARKOVSKY, A. *Sculpting In Time: Reflections on the Cinema* (trans. K. Hunter-Blair). Londres: Bodley Head, 1986.

THOMPSON, K. *Storytelling in the New Hollywood: Understanding Classical Narrative Technique*. Cambridge: Harvard University Press, 1999.

TRUFFAUT, F. A Certain Tendency of the French Cinema. In: NICHOLS, B. (ed.). *Movies and Methods: Volume 1*. Berkeley: University of California Press, 1976, p. 224-237.

VOGLER, C. *The Writer's Journey*, 2nd revised edition. Londres: Pan Books, 1988.

WHEATON, C. D. *A History of the Screen Writers' Guild (1920–1942): the Writer's Quest for a Freely Negotiated Basic Agreement*. Ph. D. thesis, Los Angeles: University of Southern California, 1973.

WYATT, J. *High Concept: Movies and Marketing in Hollywood*. Austin, TX: University of Texas Press, 1994.

Desenvolvimento de roteiro como um *wicked problem*[1]

Craig Batty, Radha O'Meara, Stayci Taylor, Hester Joyce, Philippa Burne, Noel Maloney, Mark Poole e Marilyn Tofler

Neste capítulo, um grupo de profissionais e pesquisadores atuantes na Austrália defende que a complexidade do desenvolvimento de roteiro – tanto como prática criativa e profissional quanto área de pesquisa – faz dele um *wicked problem*[2] (Rittel e Webber, 1973), bem como um problema para o qual se faz necessária a colaboração entre academia e a indústria do audiovisual para ser definido, compreendido e abordado. A dificuldade fundamental em se definir o desenvolvimento de roteiro já foi previamente identificada por Batty et al. (2017), Price (2017) e Kerrigan e Batty (2016), especificamente em relação aos diferentes significados possíveis do termo para diferentes pessoas, sob circunstâncias diferentes, em diferentes momentos, e para diferentes agendas. Aqui, trabalhamos a partir de uma definição básica de desenvolvimento de roteiro como um processo temporal e gradual de aprimoramento de uma *ideia audiovisual* (Macdonald, 2013): o objeto (ideia) no coração do processo colaborativo de se criar para as telas. Como definimos, aprimoramento e seus processos associados – papéis, textos, discursos, valores, resultados e audiências – são questões controversas que exploraremos.

Este capítulo amplia, particularmente, as ideias e os entendimentos expressos na edição especial do *Journal of Screenwriting* (2017, v. 8, nº 3) sobre desenvolvimento de roteiro, na qual os editores uniram forças para revisar a literatura escrita até o momento com o objetivo de lançar os fundamentos para a definição do campo de estudos. Enquanto tal artigo levantou questões fundamentais para o desenvolvimento de roteiro, especialmente "como o de-

---

[1] Publicado originalmente como "Script Development as a Wicked Problem" no *Journal of Screenwriting*, v. 9 nº 2, 2018. (N.T.)

[2] Do inglês, um *wicked problem* é uma espécie de problema insolúvel, que tem dentre suas características componentes incompletos, contraditórios, mutáveis e de difícil identificação. Ao contrário dos problemas comuns, que por mais difíceis que sejam podem ser resolvidos, um *wicked problem* nunca alcança de fato uma solução. A busca de resoluções para esse tipo de problema é contínua e, em larga medida, uma questão de opinião e de formas de abordagem. (N.T.)

senvolvimento de roteiro é definido no discurso da indústria e nos estudos acadêmicos?" (Batty et al., 2017: 225), no presente capítulo dois dos autores originais contaram com a colaboração de seis outros pesquisadores da área de roteiro para perguntar por que exatamente a definição do desenvolvimento de roteiro é tão desafiadora, notavelmente por conta da sua complexidade e relação com múltiplos fatores e contextos. Enquanto Batty et al. concluíram que a literatura sobre desenvolvimento de roteiro "é ampla, variada e multifacetada; e para nossos propósitos possivelmente frágil e incipiente" (2017: 240), neste capítulo levamos a ideia adiante ao propor que o desenvolvimento de roteiro seja abordado, ao menos dentro dos estudos acadêmicos, como um *wicked problem*.

Problemas inerentemente difíceis de se definir, analisar e abordar têm sido descritos como *wicked problems*, e nossa proposta é a de que nas esferas comuns dos estudos, das práticas e da indústria audiovisual, o desenvolvimento de roteiro é um problema extremamente complexo, que pode ser classificado como um *wicked problem*. No processo de desenvolvimento de roteiro podemos encontrar diversas das dez características definidas pela teoria de Rittel e Webber (1973) dos *wicked problems* sociais, que os distinguem dos problemas comuns e mesmo dos problemas mais complexos que podem ser resolvidos com uma abordagem linear. Rittel e Webber definem as características dos *wicked problems* da seguinte maneira:

1. Não existe uma definição precisa para um *wicked problem*.
2. Não existe uma regra sobre quando parar ao se lidar com um *wicked problem*.
3. As soluções para os *wicked problems* nunca são verdadeiras ou falsas, mas melhores ou piores.
4. Não existe qualquer teste imediato nem definitivo para uma solução de um *wicked problem*.
5. Qualquer solução para um *wicked problem* é uma tentativa única; porque não há como se aprender por tentativa e erro, e cada tentativa conta de forma significativa.
6. *Wicked problems* não têm soluções potenciais enumeráveis (ou que possam ser descritas exaustivamente), nem há qualquer tipo de conjunto

de operações permitidas e bem descritas que possam ser incorporadas a um plano.
7. Todo *wicked problem* é essencialmente único.
8. Todo *wicked problem* pode ser considerado um sintoma de outro problema.
9. A existência de discrepâncias que representam um *wicked problem* pode ser explicada de diversos modos. A escolha de um tipo de explicação determina a natureza da resolução dada ao problema.
10. O planejador social não tem direito ao erro (isto é, os planejadores serão responsabilizados pelas consequências das ações que tomarem).

Os *wicked problems* são um resultado inerente e inevitável de estruturas organizacionais complexas. As definições de Rittel e Webber são aplicadas a exemplos do século XXI como sustentabilidade, segurança alimentar, terrorismo e falência institucional. O "problema" do desenvolvimento de roteiro pode parecer trivial perto desses exemplos; ainda assim, esse método de análise e de reflexão fornece uma nova forma de abordagem para algo que tem sido visto como um problema insolúvel da indústria. A análise baseada no modelo dos *wicked problems* parece particularmente apropriada em relação a duas facetas do desenvolvimento de roteiro: (1) é um conjunto geralmente variável, muitas vezes instável, de partes interessadas que investem no desenvolvimento de roteiro; e (2) as soluções são restritas a recursos limitados dentro de cenários sociais, comerciais e políticos mutáveis (ver Conklin e Weil, 1998). Além disso, Jon Kolko (2012) argumenta que os *wicked problems* demandam uma colaboração interdisciplinar para que as soluções possam ser encontradas; daí a abordagem coletiva deste texto, que une pesquisadores tradicionais àqueles que têm como base a prática em campos que abrangem os estudos de roteiro e de audiovisual, os estudos culturais, de gênero, a comédia, a etnografia e o cinema. A pesquisa sobre o desenvolvimento de roteiro requer um diálogo entre teoria e prática – entre análise acadêmica e experiência prática – de modo a definir e abordar o assunto. Além disso, bem como suas próprias práticas, o desenvolvimento de roteiro tende a ser caótico e esporádico, o que requer uma abordagem multifacetada que reconheça os contextos complexos no qual ele opera.

O desenvolvimento de roteiro é complexo de se definir: discursos concorrentes

O desenvolvimento do roteiro vem sendo abordado, até os dias de hoje, a partir de uma série de perspectivas, cada uma com suas diferentes maneiras de defini-lo e descrevê-lo. As pesquisas em roteiro vêm seguindo uma tendência de enquadrar o desenvolvimento de roteiro como um trabalho criativo (Maras, 1999; Conor, 2014), um sistema industrializado (Bloore, 2012), um processo social (Kerrigan e Batty, 2016), ou como poética (Thompson, 2003; Bordwell, 2008; Macdonald, 2013). Alguns problemas-chave do estudo do desenvolvimento de roteiro incluem a natureza da autoria e os desafios da colaboração (Kerrigan e Batty, 2016), bem como o próprio problema de se definir sua prática (Taylor e Batty, 2016). Em uma estrutura industrial, o roteiro é um documento repleto de prescrições, e o desenvolvimento, uma série de práticas fortemente institucionalizadas. Nesse sentido, o roteiro é um plano para um processo industrial, "mais parecido com o desenho de um arquiteto do que com literatura, (e) existe como uma planta baixa para o filme" (Minghella, 1998: 100). Trata-se de um texto com múltiplas funções, que são determinadas pelo papel do leitor dentro do processo de produção. Enquanto a analogia com o plano do arquiteto é funcional devido ao complexo contexto da indústria, a metáfora não leva em conta a estética do controle literário de narrativa, de tempo e de personagem que são exigidos nos roteiros.

O desenvolvimento do roteiro também é frequentemente dominado por discursos concorrentes de modelos de negócios ou de processos criativos, com discussões frequentemente voltadas para a tensão entre eles (ver Batty et al., 2017). Embora esses discursos sejam importantes na formação de concepções e práticas de desenvolvimento do roteiro, eles não são suficientes para a compreensão das complexas inter-relações em seu cerne e das múltiplas lógicas e sistemas que governam seus contextos. Certamente, o desenvolvimento do roteiro pode ser caracterizado como elo entre esses discursos. Assim, sugerimos que todas essas lentes sejam empregadas e diversos discursos envolvidos para fornecer uma descrição abrangente, se não mais autêntica, do desenvolvimento de roteiro.

O desenvolvimento pode ser descrito como o processo de transformação de um projeto, de uma gênese criativa para uma atividade industrial; uma prática complexa e demorada, embora essencial. No contexto da indústria audiovisual, desenvolvimento significa produção de roteiros, e abrange todos os aspectos desse processo, desde o calor criativo de se conceber uma nova ideia até a satisfação de lançá-la, e os acordos financeiros que permitirão que ela seja realizada. Raramente um projeto audiovisual será financiado sem o compromisso detalhado da "história" com "o que está no papel", frequentemente guiado pelo princípio do *aprimoramento*.

Se o aprimoramento está no cerne do desenvolvimento, também podemos perguntar: aprimoramento em direção a quê? Nos termos de quem esse aprimoramento é definido? Isso nos leva a questões teóricas de poder, controle e ideologia, e a questões de base prática sobre gosto, subjetividade e contexto de desenvolvimento, que tornam o desenvolvimento de roteiro uma fonte rica para a pesquisa acadêmica. Dentro da questão do aprimoramento, também nos deparamos com a tarefa de definir e analisar a noção de *qualidade*: com o que o desenvolvimento de roteiro se preocupa? Com a qualidade da ideia que o sustenta? Com a qualidade do roteiro? Com a qualidade da execução de uma ideia por parte do escritor, seja ela sua ou de outros? Ou com todas as opções acima? Além disso, como a qualidade é definida, e por quem? A qualidade estaria ligada ao conteúdo do desenvolvimento (o que faz um bom drama; o que faz um terror de sucesso), ou ao contexto no qual ele ocorre (qual é o orçamento; de quem é a visão; sob que conjunto de regras ele é financiado)?

O desenvolvimento de roteiro também pode ser entendido como produto da política cultural, o que por si só possibilita vários discursos concorrentes. Fora dos estúdios de Hollywood, as organizações culturais nacionais que controlam e produzem produtos culturais se concentram no desenvolvimento e na "qualidade" dos roteiros como uma estratégia de gestão em tempos de crise econômica, porque esta é percebida como a área de menor investimento e maior controle de risco. Em sua análise histórica da indústria cinematográfica australiana, Susan Dermody e Elizabeth Jacka (1988a) empregaram a metáfora de um "peixe escorregadio" para representar um sistema binário de comércio/cultura dentro do qual opera a produção audiovisual. No entanto, ao contrário de outras formas culturais, como o teatro local, as artes visuais e a literatura, a produção audiovisual fica suspensa entre a cultura (e debates culturais) e a indústria (e os discursos de emprego e lucro, a linguagem que o dinheiro "fala") (Dermody e Jacka, 1988b). O desenvolvimento de roteiro é limitado pelas mesmas complexidades contextuais, incluindo: condições legislativas; políticas e iniciativas governamentais; volatilidade nas indústrias e mercados internacionais; fatores econômicos globais e nacionais; avanços tecnológicos em plataformas de tela; e desenvolvimentos nas culturas locais.

Representado de maneiras diferentes em diversas indústrias, contextos culturais e práticas individuais, o desenvolvimento do roteiro tem limites permeáveis que o fazem ser incluído em um estágio mais separado do processo (isto é, a pré-produção). Cada um daqueles que estão participando do desenvolvimento de roteiro traz consigo suas próprias noções de prática, de suas perspectivas como roteirista, como executivo de desenvolvimento, como executivo de televisão, produtor, diretor, editor de roteiro, consultor de roteiro, e assim por diante. Isso se complica ainda mais conforme a maneira como essas funções são desempenhadas. Para alguns, como diretores e produtores, sua contribuição para o processo de desenvolvimento de roteiro não é fixa; eles podem não estar envolvidos nele de modo algum, e a participação varia de projeto para projeto. Para outros, sua função não pode ser facilmente diferenciada da de outros, tais como os editores de roteiro e consultores de roteiro (ver Bordino, 2017; ver também Macdonald, 2013, cap. 5).

O desenvolvimento de roteiro é complexo de se definir: numerosos papéis e perspectivas

Dado que a pesquisa em desenvolvimento de roteiro não pretende afirmar "que a prática do desenvolvimento de roteiro deveria ser padronizada ou limitada por definição" (Batty et al., 2017: x), é importante que todas as perspectivas da prática sejam incorporadas. Conforme escreve Richard Coyne (2005: 6), "*Wicked problems* não são dados objetivamente, mas sua formulação depende desde o princípio do ponto de vista daqueles que os apresentam". Da mesma forma, o número absoluto de partes interessadas envolvidas no desenvolvimento de roteiro, bem como a fluidez dos seus relacionamentos fazem com que seja difícil identificar com precisão as perspectivas e os objetivos envolvidos.

O desenvolvimento é conhecido por envolver uma multidão de consultores, editores de roteiro, editores de história, script *doctors*, executivos e uma série de outros profissionais que trazem suas várias *expertises* para o projeto por um período que pode ser curto. O poder e o *status* dessas funções podem, dessa maneira, ser nebulosos e seu impacto no projeto pode acabar sendo determinado somente após o fim da interação social e das relações de trabalho. Essa fluidez é complicada pelo número geralmente grande de pessoas envolvidas no desenvolvimento, cuja permanência no projeto é frequentemente incerta e, de modo geral, imprevisível. Tal como notam Taylor e Batty, as indústrias do audiovisual têm "muitas equipes e departamentos dedicados ao 'desenvolvimento' de roteiro e muitos escritores com roteiros 'em desenvolvimento'" (2016: 204), mas esses projetos podem nunca progredir para a fase da pré-produção "oficial". Um elemento que pode definir a fase do desenvolvimento é a própria incerteza sobre quem são os membros centrais de um projeto, e quem detém o poder. Isso pode ajudar a explicar a dificuldade que Bloore apresenta em mapear os papéis e as relações durante essa fase de uma produção audiovisual, porque os papéis e o poder são complexos e mutáveis (2012: 69-91, 120-121).

O desenvolvimento de roteiro é marcado pelo investimento e pelo trabalho dialógicos de um número de participantes com objetivos concorrentes e muitas vezes conflitantes. Os roteiristas podem ver o desenvolvimento como um processo no qual possuem o espaço e o tempo para fazer o roteiro progredir de um estado original até um tratamento final. Depois que esse tratamento final é submetido, o papel do diretor é – discutivelmente – criar o filme tão próximo quanto possível das especificações indicadas no roteiro. Se o diretor não seguir as exigências do roteiro, o roteirista muitas vezes acredita que é por uma inabilidade do diretor em compreender as palavras escritas na página. Entretanto, a produção não é um simples processo de traduzir um roteiro em um produto audiovisual, o que vem a problematizar ainda mais a prática (percebida) do desenvolvimento de roteiro.

Os diretores talvez sejam mais conscientes do que os escritores das possibilidades de se desenvolver ainda mais um trabalho durante a produção. Como exemplo, Stanley Kubrick gravou a narração em voz-over de *Laranja mecânica* (1971) levando um gravador Nagra e um microfone Sennheiser para uma cabana nos fundos do seu quintal e passou alguns dias com o ator principal, Malcolm McDowell, tentando diferentes abordagens. Sobre sua função como roteirista e diretor, Kubrick disse:

Ensaiar uma cena também pode gerar mudanças no roteiro. Independentemente do quão cuidadosamente você pense numa cena, e do quão claramente você acredite tê-la visualizado, nunca é a mesma coisa quando você finalmente a vê encenada. Às vezes uma ideia completamente nova surge do nada, durante um ensaio ou mesmo durante a própria filmagem, que é simplesmente boa demais para ser ignorada. Daí pode surgir a necessidade de uma cena ser repensada com os atores bem naquele local e naquele momento (Ciment, 1982).

Um diretor que não é também o roteirista vai invariavelmente estar mais próximo ao processo de desenvolvimento, uma vez que é sua a responsabilidade de conduzir a produção em direção a um resultado de sucesso. Ainda assim, a influência do diretor sobre o desenvolvimento de roteiro foi muito pouco investigada até hoje. Milcho Manchevski descreveu o processo de trabalhar como roteirista e diretor simultaneamente, sugerindo que o trabalho do diretor é "entender profunda e verdadeiramente o roteiro" (Manchevski, 2015: 276). Essa compreensão profunda não se refere somente à história, mas também ao sentido e aos temas que o fundamentam.

Muitas vezes os diretores participam ativamente no desenvolvimento de roteiro e influenciam significativamente os roteiros, mesmo quando seus nomes não aparecem nos respectivos créditos. Por exemplo, ao trabalhar com o roteirista Jan Sardi em *O último dançarino de Mao* (2009), foi o diretor Bruce Beresford quem sugeriu uma mudança de estrutura para iniciar o filme no Texas em vez de na China para que as audiências ocidentais pudessem se conectar melhor ao drama. Essa foi uma intervenção significativa na narrativa, ainda que Beresford (2016) não tenha recebido (nem buscado) crédito pela escrita ou pela colaboração no roteiro.

Pode-se dizer que o papel daqueles que trabalham no desenvolvimento não é resolver problemas dentro do roteiro, mas levantar dúvidas e indicar onde as coisas podem não estar funcionando. Então, cabe ao roteirista encontrar soluções para essas questões do roteiro. Às vezes, um roteirista precisa de destreza para responder a notas conflitantes que podem não coincidir com suas intenções para a história, demonstrando uma habilidade de negociação entre intenções pessoais e os imperativos comerciais, frequentemente mediadas pelo executivo de roteiro. Como consultora de roteiro e produtora,

Yvonne Grace observa: "é um trabalho que demanda o malabarismo tanto de criatividade quanto de informação administrativa" (2014: 66). Aqui, o roteirista pode precisar esclarecer suas metas, se suas intenções não estiverem claras, o que sugere uma tarefa posterior do desenvolvimento de roteiro: a de comunicar-se não apenas pelo roteiro, mas também por documentos suplementares (formais ou informais). Em outros momentos, o roteirista pode ter que responder a uma "nota estúpida" de um executivo poderoso, e em vez de responder de uma maneira combativa que poderia causar um dano irreparável ao projeto, deve trabalhar criativamente "para devolver a ele uma versão de sua nota que ele reconheça" (Tolchinsky apud Taylor e Batty, 2016: 208).

Problemas no desenvolvimento de roteiro às vezes surgem quando a hierarquia da produção discorda a respeito do que torna o roteiro bom; quando não se pode identificar uma meta clara e comum para o processo. Isso também conduz frequentemente a um projeto que afunda em um "inferno de desenvolvimento", em que o trabalho fica estagnado e nunca recebe o inefável "sinal verde" para a produção. A hierarquia no desenvolvimento de roteiro é possivelmente menos definida do que na produção, e o "inferno do desenvolvimento" muitas vezes surge devido ao fato de os roteiristas simplesmente não terem o poder de dizer *não* (ver Conor, 2014). O desenvolvimento de roteiro pode, assim, ser compreendido como um processo social, que traz para o primeiro plano as complexas e dinâmicas inter-relações entre esses papéis no que se refere a contextos e metas criativas ou industriais. Desse modo, o desenvolvimento de roteiro poderia ser visto como uma trajetória ampla de uma ideia audiovisual concebida por um indivíduo em direção à meta compartilhada de uma produção audiovisual. Às vezes, evidentemente, esse processo também continua durante a produção propriamente dita, como é o caso das cenas que precisam ser reescritas, da dublagem e até mesmo da legendagem, enquanto um tipo de reescrita (ver Macdonald, 2013: 74-76, 87-89, passim).

Stacy Taylor (2015) observou que é difícil definir onde o desenvolvimento começa ou termina; ainda assim, as práticas de produção audiovisual são comumente divididas em três fases (ou atos): pré-produção, produção e pós-produção. Essas fases são geralmente consideradas axiomáticas dentro da indústria do audiovisual, e os termos têm uso tão difundido que são familiares para muitos fora da indústria. Similarmente, podemos entender o desenvolvimento de roteiro como uma fase no processo colaborativo de criação do conteúdo audiovisual que ocorre antes da pré-produção. Antes que a preparação para a produção comece, ideias e pessoas precisam se juntar e criar coerência: esse é o processo do desenvolvimento, e esse processo é marcado por uma organização social particular.

O desenvolvimento de roteiro é complexo de se definir: fronteiras permeáveis e múltiplos objetos

Apesar do consenso geral de que o desenvolvimento de roteiro é um processo temporal e gradual, pode ser difícil separar o *desenvolvimento de roteiro* de conceitos mais amplos como o *desenvolvimento da história* e a *produção do roteiro*. Mesmo que, para nossos propósitos, restrinjamos o desenvolvimento de roteiro ao desenvolvimento do documento que guia a produção do trabalho audiovisual – geralmente conhecido pelos termos roteiro ou *script* –, a natureza e a função desse documento escrito já vêm sendo contestadas no discurso e na academia. Tal qual escreve Steven Price, "O argumento mais familiar e traiçoeiro contra o *status* literário do roteiro é o de que ele não é nada além de um documento de planejamento" (2010: 44).

Parte da complexidade de se definir o desenvolvimento de roteiro é, assim, a falta de concordância a respeito do seu objeto primário. Seria a meta produzir o melhor roteiro possível, o melhor produto audiovisual possível, ou reunir a equipe mais produtiva? Seriam as metas e os objetivos fundamentais uma questão de perspectiva de cada parte envolvida? Uma confusão primária no desenvolvimento de roteiro envolve a questão de se o processo se refere somente ao desenvolvimento do roteiro em si – que pode incluir documentos preliminares ou acessórios, como a defesa oral (*pitching*), o argumento ou as notas do roteiro – ou se o termo também deveria remeter ao desenvolvimento do trabalho audiovisual final. Uma segunda confusão diz respeito ao papel daqueles que não compõem a equipe de roteiristas, mas que contribuem no processo.

Enfatizar o desenvolvimento do roteiro e não o desenvolvimento do produto audiovisual final é tentador para acadêmicos e pesquisadores, pois reduz o foco de estudo àqueles no processo de produção, isto é, àqueles cujos papéis afetam o roteiro na forma como ele aparece no papel (e, por extensão, excluindo aqueles cuja influência incide somente no produto audiovisual resultante). O desenvolvimento de roteiro, nesse caso, é possivelmente mais restrito e finito, com começo e fim mais evidentes, o que oferece maior possibilidade de clareza sobre o processo. Mas ainda permanece o problema de que o objeto no coração do desenvolvimento de roteiro vai ser definido de maneira diferente por pessoas que desempenham papéis diferentes. Por exemplo, de modo distinto de um roteirista ou de um consultor de roteiro, um diretor pode não enxergar o desenvolvimento como um processo linear e finito. Se reconhecermos o poder do diretor de influenciar a trajetória de um processo criativo, então o papel do diretor (e de outros, tais como atores influentes) só pode ser levado em conta ao encarar o desenvolvimento como um processo que diz respeito ao produto final, e não meramente à história no papel.

De fato, reconhecer a influência de diversos papéis da produção audiovisual no desenvolvimento de roteiro pode gerar uma inclinação a tomar o desenvolvimento como um processo que ocorre ao longo da produção, isto é, um processo voltado para o aprimoramento do trabalho audiovisual final. Deve-se reconhecer que os roteiristas são frequentemente excluídos do processo de produção, sendo, portanto, compreensível que eles vejam o desenvolvimento como um aprimoramento do roteiro e não do produto final. Em contrapartida, estando presente até a conclusão do processo de produção, o diretor pode ser mais inclinado a definir o desenvolvimento como um processo que se estende ao longo da produção, para além da entrega do tratamento final do roteiro. Duelando com esse dilema de pesquisa, levantamos argumentos a favor e contra a definição do desenvolvimento como sendo do roteiro em si ou do trabalho final, ou ainda como essencialmente localizado no papel do produtor, do diretor ou de outros envolvidos no desenvolvimento.

À primeira vista, poderia parecer vantajoso reduzir o controverso termo *desenvolvimento* ao roteiro, de maneira a minimizar o tamanho e a complexidade do assunto (e do objeto) em discussão. Tal definição permite delimitar o período de tempo que começa com o início do trabalho do roteirista e finaliza com o início da produção. No entanto, mesmo nesse caso é preciso se reconhecer que o desenvolvimento ocorre não somente dentro do "departamento de roteiro" (por exemplo, o roteirista e o editor de roteiro), mas também através da contribuição de outros membros da equipe criativa que podem passar temporariamente pelo departamento. Isso se reflete na proposta de Macdonald (2013) do termo *ideia audiovisual* como um lugar de discussão em um grupo de trabalho de audiovisual fluido, em vez de um roteiro no papel.

Seria a meta final do desenvolvimento de roteiro maximizar a qualidade do roteiro ou do produto audiovisual final? Esses dois objetivos, ou metas, são comumente tidos como análogos, mas pode não ser esse o caso. Um conceito ligado a isso é a noção do roteiro como uma "planta baixa" ou fundação de um produto audiovisual. Essa ideia pressupõe que, quanto melhor for o roteiro, melhor será o resultado audiovisual final. O diretor Akira Kurosawa afirmou que um bom diretor pode fazer uma obra-prima com um bom roteiro, mas um bom diretor não pode fazer um bom filme com um roteiro "ruim" (1983: 193). Levada ao extremo, essa noção implica que, se fosse possível escrever um roteiro "perfeito", a equipe de produção precisaria tão somente "juntar os pontos" e completar o projeto em conformidade com as prescrições do roteiro. Mas será esse o caso?

Um diretor que também seja o roteirista pode desenvolver um projeto de uma maneira linear, como indicou Manchevski em seu próprio processo: primeiro trabalhando como "roteirista" e se recusando a considerar questões de orçamento e elenco; então, encerrar o trabalho de "Manchevski, roteirista" e iniciar o papel de "Manchevski, diretor", que se volta para problemas de logística e para a arte do possível com recursos finitos. Dito isso (e considerando que este capítulo foca quase exclusivamente nos desenvolvimentos nos quais o roteirista e o diretor são papéis separados), um roteirista-diretor pode atuar simultaneamente em ambos os processos ao longo de todos os estágios da produção. Um diretor que não é roteirista pode não se envolver até que todo o financiamento esteja acertado, como fez Beresford em *O último dançarino de Mao* (2009); ou pode se envolver antes de o roteirista ser contratado, como no caso do filme *Lion: uma jornada para casa* (2016). Nesse exemplo, o diretor Garth Davis foi chamado pelo produtor Emile Sherman e se encontrou com Saroo Brierley, autor da obra na qual o filme foi baseado, antes de conhecer o roteirista, Luke Davies (Davis, 2017). Davis e Davies tiveram, então, uma série de encontros antes que o roteirista começasse a escrever. Garth Davis não recebeu nenhum crédito de roteiro no filme, mas claramente teve uma influência significativa em seu desenvolvimento (Davies, 2017).

Nas perspectivas do desenvolvimento de roteiro que o enfatizam como um processo social, o roteiro possivelmente se torna um meio de comunicação entre as partes envolvidas. A integração das notas de um consultor por parte do roteirista, por exemplo, é um ato de reconhecimento social e inclusão, e o roteiro se torna uma criatura que se transforma para refletir as relações sociais em torno dela. O produto final de um processo de desenvolvimento a partir dessa perspectiva não é a melhor obra de arte, ou o melhor produto comercial possível, mas uma dinâmica social produtiva capaz de gerar o produto audiovisual. O projeto audiovisual em si é um emblema do compromisso social, embora, em certas situações, possa refletir dinâmicas de poder injustas.

"Enquanto um problema comum é contido em si mesmo, um *wicked problem* é entrelaçado com outros problemas", escreve John C. Camillus (2008), como parte de uma *checklist* para a *Harvard Business Review*. Esses outros problemas incluem o lugar precário do roteiro tanto no discurso industrial quanto no acadêmico, o que faz do desenvolvimento de roteiro um *problema de pesquisa*. Isso porque o objeto de estudo no centro da pesquisa – o roteiro ou *script* – já é escorregadio e disputado devido à "sua problemática qualidade fantasmagórica em relação ao filme: ele está presente e ausente, morto e vivo, apagado e ainda assim detectável" (Price, 2010: xi). Se o roteiro é teorizado somente como um meio para um fim, fica difícil rastrear seu desenvolvimento.

O desenvolvimento de roteiro é complexo de se definir: contextos variáveis, práticas variáveis

O desenvolvimento de roteiro engloba processos que vão do concreto ao abstrato, do comercial ao criativo e do coletivo ao individual. Pode ser uma prática idiossincrática, de modo que sua pesquisa pode recorrer a uma variedade de fontes de estudo, que vão desde a experiência individual de um roteirista até o estudo de versões sucessivas de roteiros e os contextos de produção e financiamento que os cercam. As lógicas e os sistemas complexos que conduzem o processo de desenvolvimento de roteiro, incluindo os imperativos pessoais, criativos e industriais, podem existir em tensão entre si, o que quer dizer que essa pode ser uma zona de conflito.

A função e a perspectiva de muitas das partes interessadas são moldadas pelo contexto que ocupam na indústria audiovisual e pela natureza do projeto individual. Para cada parte envolvida em cada projeto, as apostas são diferentes; seu papel no desenvolvimento de roteiro é apenas uma faceta de um papel muito mais amplo. No caso do roteirista, sua maior contribuição para o roteiro é o processo. O termo *desenvolvimento de roteiro* pode ser aplicado com a mesma precisão tanto à prática individual (um roteirista desenvolvendo uma história por meio de um ou vários tratamentos) quanto à colaboração (uma equipe em uma sala de roteiro, por exemplo). Para muitos – talvez mais em contextos "independentes" ou "alternativos" –, o processo é cuidadoso, interrogativo e gerenciado de maneiras projetadas para facilitar a descoberta, incluindo uma reflexão profunda sobre as razões para se contar a história e suas intenções conscientes. Para outros – mais ainda em espaços "*mainstream*" ou "comerciais" –, o desenvolvimento de roteiro é pouco mais do que um processo hierárquico de receber notas, muitas vezes filtradas por terceiros, e fazer as alterações necessárias. De tais processos podem surgir analogias militares como "escolher as próprias batalhas" ou comparar "histórias de guerra" à medida que os roteiristas se percebem perdendo a liberdade criativa, ou que outras partes interessadas ficam desiludidas com o potencial do material em uma situação em que os roteiristas acreditam que "devem aceitar seu *status* secundário e ser suplicantes; eles devem se desapegar de seu trabalho em um estágio inicial" (Conor, 2013: 49).

O desenvolvimento de roteiro também pode assumir uma gama de formas variadas, desde notas de desenvolvimento de roteiro até reuniões e leituras de roteiro e laboratórios de improvisação. Taylor e Batty identificaram que "aqueles que não fazem parte da indústria audiovisual raramente compreendem que o desenvolvimento acontece e, se entendem, não sabem realmente o que ele significa, quanto tempo leva e quantas pessoas estão envolvidas no processo" (2016: 205). A prática do desenvolvimento de roteiro é, portanto, tão variada quanto os projetos que ela pretende refinar. De acordo com a premissa central deste texto, "se tornou claro que falta na literatura uma definição do que o desenvolvimento de roteiro é – e do que ele não é" (Taylor e Batty, 2016: 205).

Além dos documentos de base textual, o desenvolvimento de roteiro pode assumir a forma de leituras do roteiro, com *feedback* dos desenvolvedores, editores de roteiro, diretores, produtores e atores. Alguns projetos, comédias por exemplo, podem se beneficiar ainda mais de laboratórios de improvisação, onde os atores podem improvisar cenas específicas que podem posteriormente ser integradas ao roteiro. Os atores podem trabalhar com um roteirista (e/ou diretor) para improvisar histórias pregressas a fim de dar corpo aos personagens e às suas reações a certos incidentes dentro do roteiro. Por exemplo, a revelação de um momento na história de um personagem pode desencadear uma resposta no presente, que pode então ser tecida no roteiro. Dessa maneira, tal como a discussão de roteiristas e diretores acima, a linearidade e a textura do desenvolvimento de roteiro podem emergir das necessidades de um projeto, em vez de pertencer a um formato já esperado.

Há uma variedade de outras práticas que podem ser discutidas sob a rubrica do desenvolvimento de roteiro, e elas assumem diferentes formas em diferentes mídias e formatos. O desenvolvimento de roteiro pode ocorrer de maneiras distintas dependendo se o projeto é para o cinema, a televisão ou a internet; ficção ou factual; se é um curta, um longa, uma série ou um seriado; produzido em estúdio ou independentemente; e comercial ou amador. Além disso, vários países têm suas próprias culturas em torno de normas de desenvolvimento de roteiro e (a partir da experiência coletiva dos autores deste texto, e em particular de Burne, que trabalhou com adaptação internacional de formatos dramáticos) isso pode incluir como o desenvolvimento é financiado e estruturado. No caso da televisão, pode se dar no modo como ela explicitamente toma emprestado para si o modelo de produções existentes, ou cria seu próprio ecossistema para se adequar ao programa e/ou à cultura em questão (ver, por exemplo, Redvall, 2013).

Em uma recente versão do evento "Séries Mania Dia da Indústria"[3] que aconteceu no Centro Australiano da Imagem em Movimento[4] (Melbourne, julho 2017), o roteirista e produtor Kelly Lefever explicou para Vince Gilligan – criador de *Breaking Bad* (2008–2013), roteirista de *Arquivo X* (1993–

---

3 Um programa de um dia para profissionais da indústria do audiovisual interessados em criar séries para o mercado internacional. (N.T.)
4 Australian Centre for the Moving Image. (N.T.)

presente) – que são dados dois dias às salas de roteiro australianas para criar o enredo de um episódio de uma hora. Gilligan respondeu:

> Eu sinto muito em ouvir isso [...] Na maioria das séries nos Estados Unidos você pode ter uma semana para resolver um episódio, talvez menos. Não dois dias. Isso é loucura – sem ofensa. [...] Você tem que dar tempo para pensar em todos os detalhes. Se não, você está correndo para salvar sua vida. Você está com um monte de jacarés no seu encalço (Knox, 2017).

Da nossa experiência coletiva na produção da televisão australiana e das interações com aqueles que nela trabalham, observamos que o desenvolvimento de roteiro – que geralmente também inclui o desenvolvimento da história – ocorre amplamente para além das mãos do roteirista. Editores de roteiro, produtores e executivos de canais têm um papel influente no processo de desenvolvimento conforme os roteiros avançam pelos vários níveis industriais de aprovação e produção. O desenvolvimento de roteiro, nesse caso, não consiste em trazer para a história o que houver de melhor em termos de criatividade, mas sim um processo de tempo limitado para produzir roteiros filmáveis. O desenvolvimento ocorre para servir à série. Movida por imperativos comerciais, prazos curtos e orçamentos de produção apertados, a televisão australiana é guiada pela produção, e nela os roteiristas são meramente uma parte do processo. Por outro lado, no Reino Unido e nos Estados Unidos a televisão é muito mais guiada pelos roteiristas; ou ao menos é muito mais respeitosa em relação à contribuição dos roteiristas para a série. Isso é evidenciado por fatores como o maior número de *showrunners*, e o maior respeito por eles; um *status* autoral maior para os criadores das séries; maiores pagamentos; e, no caso das agências de audiovisual que financiam o desenvolvimento na televisão (e no cinema), mais oportunidades para o financiamento de desenvolvimento voltado para roteiristas, em oposição ao desenvolvimento com foco no produtor, mais voltado à realização e à veiculação dos programas.

Em um contexto de diminuição de audiências para os dramas locais, sentimos que é o momento propício para começar a pesquisar o problema particular do desenvolvimento de roteiro australiano. É preciso questionar as estruturas dos departamentos de roteiro, os tamanhos das salas de roteiro, os métodos de resolução de histórias e seus prazos, os processos de escrever e editar roteiros, as notas de produção e dos executivos de canais – para citar alguns exemplos entre elementos que funcionam como fatores críticos no desenvolvimento. Mais do que isso, como esses fatores impactam a autoria criativa, o investimento no que os roteiristas estão escrevendo, e os índices de audiência?

Agora em seu 33º ano de produção, a série de televisão *Neighbours* (1985–presente) tem sido um campo de treinamento para muitos roteiristas australianos que trabalham no cinema e na televisão. Para produzir mais de 100 minutos de drama por semana, Reg Watson, da Grundy Television, implementou um sistema particular de desenvolvimento de roteiro. Como nota Dunleavy (2005), o modelo da Grundy Organisation de produção de telenovela diária, de alta rotatividade, surgiu, em parte, devido ao aumento das cotas de dramas locais na televisão por parte do governo australiano em meados dos anos 1970. Essa regulamentação incentivou os produtores locais a inventarem métodos de produção mais eficientes, incluindo o desenvolvimento de roteiro. Os canais passaram a preferir um formato mais econômico de telenovela ao formato das séries dramáticas de uma hora, mais caras, e já nos anos 1980 a Grundy Organisation tinha desenvolvido um método altamente eficiente de produção de telenovelas diárias. Para o desenvolvimento de roteiro, com o qual dois dos autores deste texto têm experiência de trabalho, esse modelo envolvia:

- uma sala de criação produzindo escaletas (argumentos detalhados);
- roteiristas *freelancers* escrevendo o primeiro tratamento dos roteiros;
- editores de roteiro produzindo o segundo tratamento dos roteiros e quaisquer alterações para os roteiros de filmagem;
- e um produtor e roteirista assinando os roteiros finais de filmagem.

A novela diária *Neighbours*, carro-chefe da Grundy, rapidamente atingiu sucesso nacional e internacional. Embora já se tenha argumentado que o interesse nas novelas australianas por parte do Reino Unido e da Europa se baseia na representação de um estilo de vida ensolarado e cordial (Crofts, 1995), Dunleavy sugere que, ao menos no Reino Unido, essas produções, com sua economia de escala, preencheram uma brecha no mercado de séries de televisão, efetivamente demonstrando as vantagens comerciais de uma programação de uma telenovela de cinco dias por semana (2005: 376). Durante cada fase de desenvolvimento de shows como *Neighbours*, os produtores e executivos do canal fazem notas, e em um segundo tratamento, diretores de cena e chefes de departamentos de produção (figurino, locação etc.) também as fazem. Assim, enquanto no Reino Unido e nos Estados Unidos o editor de roteiro é um "trabalho de entrada, de nível hierárquico baixo" (Macak apud Taylor e Batty, 2016), no sistema da Grundy/FremantleMedia (australiano) o editor de roteiro é um trabalho de alto nível dado a roteiristas experientes, que desenvolvem ainda mais a história e o roteiro através de um processo de reescrita.

Alguns profissionais da indústria acreditam que cada história e projeto individual vão ditar seu próprio caminho idiossincrático de desenvolvimento. Margot Nash, por exemplo, resiste a seguir "uma forma predeterminada", tentando, ao contrário, deixar que "a estrutura surja do material e seja uma resposta às ideias" (2014: 97). Há uma suposição difundida de que o desenvolvimento de roteiro afeta o resultado da história, para melhor ou para pior. As histórias são modeladas pelas exigências da produção, e o processo de desenvolvimento de roteiro age como uma forma de filtragem para garantir que elas se conformem a essas exigências. Peter Bloore (2012) retrata o desenvolvimento de roteiro como um processo criativo, legal e industrial dentro da produção audiovisual, pelo qual as histórias podem tropeçar ou prosperar, dependendo dos níveis de investimento e comprometimento. A suposição aqui é de que os processos de desenvolvimento de roteiro são imposições, necessárias ou não, às histórias. Mas e se, em algumas circunstâncias, a equação foi alterada? E se a história a ser contada determinou, para o melhor ou para o pior, o seu desenvolvimento?

As séries de televisão no Ocidente, por exemplo, dependem fortemente de uma teia complexa de enredos tribais. Algumas vão durar uma série inteira, enquanto outras vão se limitar a um ou dois episódios. Séries dramáticas são tipicamente projetadas para captar a curiosidade e a ironia de uma audiência. Nesse gênero, os espectadores estão geralmente a par dos enganos do personagem, e assistem a ele para ver o que será revelado. Para atingir essas complexidades da história, o processo de desenvolvimento de roteiro deve produzir uma história pregressa detalhada, mantendo o desenvolvimento do personagem e garantindo sua continuidade. Em *Neighbours* (1985–presente), por exemplo, a tarefa dos criadores de enredo, do editor de roteiro e do roteirista é garantir que a coleção de narrativas em série tenha como pré-requisito um entendimento abrangente da entidade (e do "mundo") de Erinsborough em qualquer reunião de história e roteiro. O subúrbio ficcional de Erinsborough, com sua contraditória mistura de cordialidade e hipocrisia, é uma terra de céu aberto e portas escancaradas, em que adultos, adolescentes e crianças coabitam e, por grande parte de suas vidas, enganam uns aos outros. Ao construir o enredo, editá-lo ou escrevê-lo, o processo de desenvolvimento de roteiro deve servir a Erinsborough.

Um exemplo bem diferente de desenvolvimento para a conformação de uma história pode ser encontrado no relato do editor de roteiro Stephen Cleary sobre seu trabalho com o coprodutor e corroteirista do longa-metragem *Doce país* (2017), David Tranter. Em uma postagem no Facebook (2017), Cleary descreveu a colaboração bem particular que eles desenvolveram, envolvendo um processo no qual Cleary escrevia uma resposta à exposição verbal (e ilustrada) da história feita por Tranter. Isso resultou em um tratamento, que foi enviado para o diretor do filme, Warwick Thornton. Em sua postagem, Cleary pergunta: "Quantas pessoas que não conseguem, ou não querem, escrever do modo como 'a indústria' espera, conseguem contar suas histórias?". Ele vai além para examinar "com que frequência 'a indústria' corre o risco de sair do limbo dos lugares-comuns para encontrar histórias surpreendentes que abrem o mundo de uma nova maneira para as audiências?". Implícita no relato de Cleary está a sugestão de que algumas histórias, ou ideias audiovisuais, produzem métodos distintos de desenvolvimento.

Definindo o desenvolvimento de roteiro por meio da pesquisa acadêmica

Definir o desenvolvimento de roteiro é um desafio porque levanta muitas questões sobre os discursos divergentes usados para descrevê-lo, os inúmeros papéis e perspectivas envolvidos, as fronteiras permeáveis do processo, os múltiplos objetos que chamam a atenção, as variações de contextos e práticas através de mídias, formatos e culturas, e a dificuldade em definir a natureza do "aprimoramento". É esse conjunto de complexidades entrecruzadas que faz do desenvolvimento de roteiro um *wicked problem*: um problema para o qual as soluções e definições são recorrentes, e para o qual "a procura por uma solução nunca para" (Rittel e Webber, 1973 apud Camillus, 2008). A intervenção acadêmica nessa área oferece um potencial para uma colaboração de pesquisa capaz de aproximar múltiplas disciplinas e abordagens. A pesquisa em roteiro é particularmente adequada para investigar esse elo entre teoria e prática, e a pesquisa se baseará em campos tão diversos quanto os estudos de mídia, a economia política, a estética, a etnografia, a política cultural e os estudos de gênero, impactando-os.

Além disso, o desenvolvimento de roteiro é possivelmente o fundamento da produção audiovisual, e mesmo que a indústria sempre tenha reconhecido sua importância – seus aspectos dramáticos, potentes e misteriosos –, esses processos ainda precisam ser devidamente analisados. As histórias contadas no audiovisual ao redor do mundo são predeterminadas pelas realidades industriais, econômicas e políticas dentro da produção. A pesquisa sobre o desenvolvimento de roteiro expressa a investigação complexa de forças políticas, sociais, culturais, econômicas e legais que moldam a indústria do audiovisual. Muitas informações relativas às decisões de financiamento em torno do desenvolvimento e às abordagens de escrita de roteiro não estão sendo documentadas, e, assim, essas atividades acabam frequentemente sendo mitificadas.

Como uma área de estudo menos explorada (apesar de estar crescendo rapidamente) em comparação com a produção – tanto como parte da indústria do audiovisual quanto da academia –, não há pesquisas o suficiente para se colocar o desenvolvimento dentro de contextos econômicos e organizacionais mais amplos. Os processos da indústria são pouco documentados porque grande parte das informações permanece confidencial comercialmente, não é registrada ou é considerada irrelevante. A tendência é que, quando um trabalho audiovisual é lançado ou transmitido, o foco se volte para a versão final, ao passo que os processos de desenvolvimento são esquecidos. A pesquisa acadêmica pode trabalhar para trazer à luz a documentação, para contextualizá-la e desenvolver novos entendimentos de práticas, objetivos, metas e resultados.

Pesquisa de desenvolvimento de roteiro: direções futuras a partir de uma perspectiva australiana

A pesquisa sobre desenvolvimento de roteiro pode seguir por alguns caminhos distintos, de questões conceituais até estudos de caso de práticas industriais. O estudo de desenvolvimento de roteiro pode ajudar os estudos de mídia a identificar e compreender as relações complexas entre globalização de corporações midiáticas e práticas de mídia.

Como um breve estudo de caso, vamos analisar a indústria de séries de televisão da Austrália, de onde o sistema de desenvolvimento de roteiro de televisão da Grundy/FremantleMedia, citado acima, vem se popularizando pelo mundo por meio da venda de programas com o formato Grundy, a exemplo do já citado *Neighbours* (1985–presente) e de *Sons and Daughters* (1982–1987). Embora esse sistema tenha continuado em países como a Nova Zelândia e a Alemanha, o programa *Neighbours* passou por uma reformulação em 2007 por conta de um corte no orçamento. A sala de criação foi cortada em prol das histórias elaboradas por produtores e escritores *freelancers*, e os editores de roteiro ganharam mais responsabilidade sobre o desenvolvimento. O impacto na qualidade da história e no processo de desenvolvimento de roteiro a partir dessa grande mudança ainda não foi investigado, e essa abordagem seria muito útil para quem se interessa tanto por estudos de mídia quanto por práticas criativas. As perguntas que podem surgir incluem: qual foi o impacto da terceirização do desenvolvimento de roteiro com a contratação de escritores *freelancers*? Qual é o (novo) papel dos editores de roteiro no desenvolvimento da história? Qual é a parcela de contribuição da emissora no desenvolvimento da história na série?

A Austrália vem produzindo dramas com uma hora de duração para o horário nobre há tanto tempo que atualmente tem se voltado para comédias românticas como *Offspring* (2010–presente), *The Wrong Girl* (2016–presente) e *Doctor Doctor* (2016–presente); dramas jurídicos como *Janet King* (2014–presente) e *Newton's Law* (2017), que teve curta duração; e dramas históricos como *Miss Fisher's Murder Mysteries* (2012–2015) e *The Doctor Blake Mysteries* (2013–2017). Aqui podemos perguntar: qual é a diferença do desenvolvimento de roteiro entre os dramas com uma hora de duração e os com meia hora? Como é o recrutamento da sala de roteiro e será que são as mesmas pessoas que escrevem os roteiros? Qual é a parcela de contribuição dos produtores e executivos das emissoras no desenvolvimento de roteiros dos programas com uma hora e dos com meia hora de duração?

Um terceiro formato que também está se popularizando na Austrália é a série de curta duração, com quatro ou oito episódios, que pode ser chamada de minissérie. Exemplos recentes incluem *The Kettering Incident* (2016) e o breve *Secret City* (2016). Esses formatos se voltam mais para o modelo do *showrunner*, presentes no Reino Unido e nos Estados Unidos, onde o roteirista acompanha o roteiro desde a criação até a supervisão no set e na pós-produção. Em *The Kettering Incident*, Vicki Madden desempenhou a função de *showrunner* e lutou muito para convencer a emissora a confiar nessa estrutura de desenvolvimento de roteiro. A maneira como isso funciona na prática, o quanto esse modelo influencia no resultado da história, e como isso impacta o papel dos produtores e das emissoras no desenvolvimento de roteiro são todas perguntas importantes que a pesquisa pode fazer.

A pesquisa sobre desenvolvimento de roteiro tem a capacidade de ajudar a melhorar a eficácia da prática e da qualidade nos resultados do processo. Em um artigo em que lamenta o que acredita serem práticas falhas no desenvolvimento de roteiro nos Estados Unidos – especificamente, em Hollywood –, Barbara Schock (1995) fez um resumo deliberadamente cínico do processo, no qual a figura do roteirista não tem força, com uma visão prejudicada por intervenções precipitadas e excessivamente rigorosas, e com seus projetos arquivados, porque no final do processo de desenvolvimento de roteiro ninguém mais acredita no potencial da ideia/história. Investigar os *wicked problems* em campo não é apenas uma boa prática acadêmica, mas também pode ajudar a criar processos mais eficazes tanto para a experiência do profissional quanto para a qualidade do produto. Parece evidente que a compreensão sobre o desenvolvimento de roteiro – o que ele é, como funciona e para quem/que serve – ainda é nebulosa, mesmo que os profissionais do meio continuem a progredir sem necessariamente questionar os processos dos quais fazem parte. Uma prática profissional melhor pode ser alcançada ao identificar e examinar esse *wicked problem*.

A pesquisa das práticas de desenvolvimento de roteiro feita, por exemplo, por meio de análises de documentos e etnografias da indústria tem o potencial de beneficiar tanto quem exerce o desenvolvimento na prática quanto quem o estuda. Por exemplo, a quem os desenvolvedores de roteiro recorrem em busca de respostas definitivas do que seja um "bom" roteiro e o que isso nos diz sobre como o desenvolvimento é praticado? Existe uma tensão entre essas diretrizes e a experiência prática a respeito do que faz um projeto funcionar? Muitos têm recorrido a "gurus" de roteiro, como Robert McKee e Christopher Vogler, acreditando que eles podem oferecer uma fórmula quase científica para uma estrutura de história eficaz. No entanto, como discutido anteriormente, não há necessariamente uma fórmula para todos os trabalhos audiovisuais. Nossa pergunta, então, é se a pesquisa pode contribuir com soluções para as pressões conflitantes enfrentadas tanto por roteiristas quanto por outros profissionais de desenvolvimento, buscando a inovação por um lado *e* a adaptação ao seguro e familiar por outro. Uma pesquisa empírica pode responder a essas questões?

Um olhar mais atento a práticas de desenvolvimento de roteiro únicas ou incomuns pode servir de modelo para outras práticas ou abrir espaço para discussões futuras. Por exemplo, em sua reflexão sobre o processo de desenvolvimento distinto que gerou a criação do longa australiano *Doce país* (2017), Stephen Cleary (2017) sugere que as organizações de desenvolvimento *mainstream*, com suas tendências de microgerenciamento, podem não fazer jus a algumas histórias, principalmente quando elas exigem certa confiança nos profissionais do meio. Algumas questões podem ser levantadas a partir da constatação de que foi sua influência que permitiu levar essa história às telas: que outras histórias também com processos de desenvolvimento distintos conseguiram chegar às telas? De que maneira uma abordagem dialógica do desenvolvimento de roteiro, valorizando a história e seus criadores desde o primeiro momento, poderia ajudar a desvendar esses processos?

Como a ideia de aperfeiçoamento poderia servir também como um princípio orientador para analisar as práticas de desenvolvimento? Essa ideia poderia ser usada para a análise de áreas do desenvolvimento em particular – como as observações de um leitor de roteiros ou as políticas de uma agência de fomento audiovisual – com a finalidade de saber especificamente como essas áreas funcionam? Os manuais e guias de roteiro com suas competições auxiliares e programas de talento – todos imbuídos de um senso de realização e conquista que promove a noção de que o "aperfeiçoamento" é possível (ver Macdonald, 2013; Conor, 2014) – também poderiam entrar como fontes aqui na questão. Com sua postura de que "é possível", as competições e os *programas de talento* que procuram a próxima nova voz promovem a compreensão de que há uma fórmula de sucesso – uma linha de pesquisa que poderia examinar as qualidades que eles defendem (de forma direta ou indireta) para tentar entender de onde elas surgem. Será que são baseadas em evidências? Será que estimulam o roteirista-leitor de maneira ética ou falsa? E será que mostram a realidade dos fatos ou criam uma mitologia?

O mercado voltado para o "como fazer" e para os profissionais iniciantes se encontra em uma das pontas do campo do desenvolvimento de roteiro sugerido por manuais, guias, competições e programas de talento. Se olharmos mais a fundo esse campo, é possível nos depararmos com a esfera de desenvolvimento profissional (por exemplo, serviços pagos, programas de desenvolvimento financiado, e orientação oferecida pela indústria); e, em seguida, com situações em que o roteiro já está em desenvolvimento com recursos de algum organismo financiador, ou em uma emissora – embora os limites, nessas situações, possam não ser tão claros, já que um órgão de financiamento pode, por exemplo, contratar um profissional de roteiro externo ou um consultor de roteiro para ajudar com o tratamento do roteiro. E esse *expert* pode ser contratado baseado no sucesso (avaliado ou considerado pelo contratante) do seu manual de roteiro.

Ainda assim, propomos que a pesquisa voltada para a prática de desenvolvimento pode ser útil para começar a entender como as qualidades do desenvolvimento surgem e como são definidas. Um projeto de pesquisa voltado para isso pode fazer as seguintes perguntas:

- Quem escreve os guias e manuais e quem está por trás das competições e do concurso de talento?
- Por que são eles que estão escrevendo e por que estão por trás desses programas e competições? Quais são suas intenções declaradas?
- O que dizem/ditam/recomendam/sugerem/prometem/encorajam e quais são suas justificativas para tanto?
- Para quem/onde se voltam quando procuram conhecimento/ferramentas/paradigmas/ estudos de caso/exemplos?
- Com base nisso tudo, explícita ou implicitamente, o que consideram marcas de qualidade? Qual é o "selo" de bom roteiro que usam como uma referência de excelência?

- Como isso está criando, explícita ou implicitamente, determinada cultura de desenvolvimento de roteiro? Seguindo essas perguntas e reunindo os dados, é possível definir o significado de desenvolvimento de roteiro para quem lida com manuais, guias, competições e recursos?
- Por fim, ao definir as qualidades de um "bom roteiro" e assim entender o que é o aperfeiçoamento, será que podemos definir as qualidades de um desenvolvimento de roteiro que seja bom/útil/eficiente/eficaz?

Enquanto essa proposta pode parecer um problema de pesquisa viável de ser explorado, ela também cria um dilema de pesquisa, uma vez que esse é apenas um aspecto do desenvolvimento de roteiro (se o definirmos amplamente). Com os resultados de pesquisa de um projeto desse tipo, qual seria o próximo passo? Teríamos uma resposta clara sobre o desenvolvimento ou precisaríamos relacioná-la com outras esferas? Por exemplo, será que essa cultura do "como fazer" estaria influenciando as práticas mais formais do desenvolvimento de roteiro, ou vice-versa? Será que ela produz um tipo de roteiro imaginado ou desejado que de fato nem existe e/ou que a indústria não quer? Será que essa esfera de desenvolvimento de roteiro reflete as realidades da indústria (ver Price, 2017)? Qualquer que seja a resposta, o que isso pode nos dizer sobre o desenvolvimento de roteiro de maneira mais ampla? Nos casos específicos de competições e programas de talento, existem exemplos de roteiristas que relatam como as suas habilidades melhoraram a partir desse tipo de desenvolvimento, levando-os a um caminho de sucesso? Seriam tais sistemas meramente oportunidades de demonstrar competências já conhecidas para as pessoas certas? Se for o caso, será que isso aumenta nossas margens de definição do desenvolvimento de roteiro (ou estabelece parâmetros mais claros)? Está claro que este é um *wicked problem* e que as perguntas levam sempre a mais perguntas, possivelmente anulando algumas das respostas já encontradas.

Há soluções para o *wicked problem* do desenvolvimento de roteiro?

Na medida em que tentamos definir o desenvolvimento de roteiro tanto como prática quanto como área de pesquisa acadêmica e convidamos outros a participarem desse trabalho, estamos abertos a encontrar perguntas pertinentes e metodologias que possam revelar novas ideias. Nancy Roberts traça "estratégias para enfrentar" os *wicked problems*, a saber: entrando nas áreas de conflito e nos graus de poder entre as partes interessadas, começando pelo autoritário (o poder está nas mãos de poucas partes interessadas), seguindo para o colaborativo (o poder é disperso) e então para o competitivo (o poder é disperso e contestado) (2000: 2-3). Por meio de vários estudos de casos na gestão de "ideias audiovisuais", Macdonald (2013) aponta que essas estratégias operam juntas e de maneira independente no desenvolvimento do processo, o que sugere que o método de Roberts pode ser uma ferramenta útil para conduzir metanálises de gestão de ideias audiovisuais – ou de desenvolvimento de roteiro. Caso isso seja verdade, quais teorias e ideias poderiam sustentar tal abordagem metodológica?

Considerando que as perguntas e metodologias de pesquisa levantam ainda mais perguntas e metodologias, sem mencionar as diferentes abordagens disciplinares expressas pelos autores deste texto, talvez precisemos nos voltar para Levin et al. (2012), que distinguem um *wicked problem* de um "*super wicked problem*". Enquanto o *wicked problem* está relacionado ao problema em si, um "*super wicked problem*" está relacionado a quem se propõe a resolvê-lo. Levin et al. apontam que aqueles que se propõem a resolver o problema também são responsáveis por causar o problema, e, embora isso seja entendido como os profissionais de desenvolvimento tentam resolver os problemas dos roteiros, reconhecemos que isso poderia se aplicar igualmente aos pesquisadores (como os autores deste texto) que buscam pesquisar a prática do desenvolvimento de roteiro.

Por que, então, o desenvolvimento de roteiro se apresenta como uma importante área de pesquisa com o potencial de se relacionar com múltiplas perspectivas, abordagens e metodologias? Como observado por Price em sua recente edição especial do *Journal of Screenwriting* acerca do desenvolvimento de roteiro, em função da dependência da área dos estudos de casos individuais, há o risco de uma fragmentação iminente, ficando o campo, dessa forma, criticamente desvalorizado (2017: 326). Precisamos, por isso, de mais pesquisas para aumentar a área e fornecer recursos para estudos inovadores. Ao reconhecer que o desenvolvimento de roteiro é um *wicked problem* tanto dentro quanto fora da academia, esperamos que este texto promova "colaborações de pesquisas entre profissionais, historiadores e teóricos" que, segundo Price, são "essenciais para o avanço na investigação crítica do desenvolvimento de roteiro" (2017: 331).

Referências

ARROW, M.; BAKER, J. e MONAGLE, C. *Small Screens: Essays on Contemporary Australian Television*. Melbourne: Monash University Publishing, 2016.

BATTY, C. (ed.). *Screenwriters and Screenwriting: Putting Practice into Context*. Basingstoke: Palgrave Macmillan, 2014.

BATTY, C. e WALDEBACK, Z. *Writing for the Screen: Creative and Critical Approaches*. Basingstoke: Palgrave Macmillan, 2008.

BATTY, C. et al. Script Development: Defining the Field. *Journal of Screenwriting*, v. 8, nº 3, p. 225-247, set. 2017.

BERESFORD, B. [Entrevista concedida a] POOLE, Mark. Birchgrove, Sydney, 5 dez. 2016.

BLOORE, P. *The Screenplay Business: Managing Creativity and Script Development in the Film Industry*. Abingdon: Routledge, 2012.

BORDINO, A. W. Script Doctoring and Authorial Control in Hollywood and Independent American Cinema. *Journal of Screenwriting*, v. 8, nº 3, p. 249-265, 2017.

BORDWELL, D. *Poetics of Cinema*. Cambridge: Routledge, 2008.

CAMILLUS, J. Strategy as a Wicked Problem. *Harvard Business Review*, maio 2008. Disponível em: <https://hbr.org/2008/05/strategy-as-a-wicked-problem>. Acesso em 18 set. 2017.

CLEARY, S (Stephen Cleary). *Let me tell you a story*. 10 set. 2017. Disponível em: <https://www.facebook.com/search/top/?q=stephen%20cleary%20sweet%20country>. Acesso em 2 fev. 2018.

CONKLIN, E. K. e WEIL, W. *Wicked problems: Naming the Pain in Organizations*. 1998. Disponível em: <http://www.accelinnova.com/docs/wickedproblems.pdf>. Acesso em 1 maio 2018.

CONOR, B. Hired Hands, Liars, Schmucks: Histories of Screenwriting Work and Workers in Contemporary Screen Production. In: BANKS, M.; TAYLOR, S. e GILL, R. (eds.). *Theorizing Cultural Work: Transforming Labour in the Cultural and Creative Industries*. Londres: Routledge, 2013, p. 44-55.

_____. *Screenwriting: Creative Labor and Professional Practice*. Oxford: Routledge, 2014.

COYNE, R. Wicked Problems Revisited. *Design Studies*, v. 26, nº 1, p. 5-17, 2005.

CROFTS, S. Global Neighbours? In: ALLEN, Robert C. (ed.). *To Be Continued: Soap Operas Around the World*. Londres: Routledge, 1995, p. 98-121.

DAVIES, L. *Acceptance Speech at the 2017 AWGIE Awards*. Sydney, Australian: Writers Guild, 25 ago., 2017.

DAVIS, G. *Discussion with the Australian Directors' Guild*. RMIT University Melbourne, 30 maio, 2017.

DERMODY, S. e JACKA, E. *The Imaginary Industry: Australian Film in the Late '80s*. Sydney: Australian Film, Television and Radio School, 1988a.

_____. *The Screening of Australia: Anatomy of a National Cinema*. Sydney: Currency Press, 1988b.

DUNLEAVY, T. Coronation Street, Neighbours, Shortland Street: Localness and Universality in the Primetime Soap. *Television & New Media*, v. 6, nº 4, p. 370-382, 2005.

FOWLER, H. W. e FOWLER, F. G. (eds.). *The Concise Oxford Dictionary of Current English*, 5th ed. Oxford: Clarendon Press, 1964.

FRIEDMANN, J. e ROCA, P. (eds.). *Writing Long-Running Television Series*. Palestra do Primeiro Workshop PILOTS, Sitges, Catalonia, Spain, jun./out. 1993. Madrid: Fundacion Cultural Media, 1994.

GRACE, Y. *Writing for Television: Series, Serials & Soaps*. Harpenden: Kamera Books, 2014.

GRUNDY R. *Reg Grundy*. Sydney: Murdoch Books, 2010.

JACKSON, N. *Tackling the Wicked Problem of Creativity in Higher Education*, keynote address, Creating Value: Between Commerce and Commons Conference, ARC Centre for the Creative Industries and Innovation, Brisbane, 25-27 jun. 2008. Disponível em: http://Normanjackson.pbworks.com/w/page/11231846/2008. Acesso em 1 maio 2018.

KERRIGAN, S. e BATTY, C. Re-conceptualising screenwriting for the academy: The social, cultural and creative practice of developing a screenplay. *New Writing: The International Journal for the Practice and Theory of Creative Writing*, v. 13, nº 1, p. 130-144, 2016.

KNOX, D. Vince Gilligan says Aussie scripts need more time in writers room. *TV Tonight*, 25 jul. 2017. Disponível em: https://tvtonight.com.au/2017/07/vince-gilligan-says-aussie-scripts-need-more-time-in-writers-room.html. Acesso em 17 março 2018.

KOLKO, J. *Wicked Problems: Problems Worth Solving*, Austin: Austin Centre for Design, 2012. Disponível em: https://www.wickedproblems.com/1_wicked_problems.php. Acesso em 20 setembro 2017.

KUBRICK, S. *Kubrick on Barry Lyndon*. [Entrevista concedida a] CIMENT, Michel, 1982. Disponível em: <http://www.visual-memory.co.uk/amk/doc/interview.bl.html>. Acesso em 16 out. 2017.

KUROSAWA, A. *Something Like An Autobiography*. New York: Vintage Books, 1983.

LEVIN, K., CASHORE, B., BERNSTEIN, S. e AULD, G. Overcoming the tragedy of super wicked problems: Constraining our future selves to ameliorate global climate change. *Policy Sciences,* v. 45, nº 2, p. 123-152, 2012.

MACDONALD, I. W. *Screenwriting Poetics and the Screen Idea.* Basingstoke: Palgrave Macmillan, 2013.

MANCHEVSKI, M. Why I like writing and hate directing: Confessions of a recovering writer-director. *Journal of Screenwriting,* v. 6, nº 3, p. 275-286, 2015.

MARAS, S. The film script as blueprint: Collaboration and moral rights. *Media International, Culture and Policy,* v. 93, p. 145-158, 1999.

MINGHELLA, A. *Adapt or die.* HQ, nov./dez., 1998.

NASH, M. Developing the screenplay: Stepping into the unknown. In: BATTY, C. (ed.). *Screenwriters and Screenwriting: Putting Practice into Context.* Basingstoke: Palgrave Macmillan, p. 97-112, 2014.

PRICE, S. *The Screenplay: Authorship, Theory and Criticism.* Basingstoke: Palgrave Macmillan, 2010.

_____. Script development and academic research, *Journal of Screenwriting,* v. 8, nº 3, p. 319-333, 2017.

REDVALL, E. N. *Writing and Producing Television Drama in Denmark: From The Kingdom to The Killing.* Basingstoke: Palgrave Macmillan, 2013.

RITTEL, H. e WEBBER, M. Dilemmas in a general theory of planning. *Policy Sciences,* v. 4, nº 2, p. 155-169, 1973.

ROBERTS, N. Wicked problems and network approaches to resolution, *International Public Management Review,* v.1, nº 1, p. 1-19, 2000.

SCHOCK, B. Intelligent screenplay development, *Filmmaker Magazine,* 1995. Disponível em: http://filmmakermagazine.com/58169-intelligent-screenplay-development/#.VSslpZSUfgU. Acesso em 13 abril 2015.

TAYLOR, S. e C. BATTY. Script development and the hidden practices of screenwriting: perspectives from industry professionals. *New Writing: The International Journal for the Practice and Theory of Creative Writing,* v. 13, nº 2, p. 204-217, 2016.

TAYLOR, S. "It's the Wild West out there": Can web series destabilize traditional notions of script development? In: BATTY, C. e KERRIGAN, S. (eds). *Refereed Proceedings of the Annual Conference of the Australian Screen Production,* Education and Research Association (ASPERA, 2015): What's This Space?: Screen Practice, Audiences and Education for the Future Decade, Adelaide, Austrália, 15-17 julho, p. 1-14, 2015.

THOMPSON, K. *Storytelling in Film and Television.* New York: Harvard University Press, 2003.

Filmes e séries

BREAKING BAD (2008). Dirigido por Vince Gilligan. EUA: High Bridge Productions/Gran Via Productions.

A CLOCKWORK ORANGE (1971). Dirigido por Stanley Kubrick. Reino Unido: Polaris Production, 136 min.

DOCTOR DOCTOR (2016–presente). Criado por Ian Collie, Alan Harris, Claudia Karvan e Tony McNamara. Austrália, Easy Tiger Productions/Essential Media & Entertainment; tx. Nine Network 14/09/2016–date, 50 min. x 20 eps.

LION (2016). Escrito por Luke Davies. Dirigido por Garth Davis. Austrália, 118 min.

MAO'S LAST DANCER (2009). Escrito por Jan Sardi. Dirigido por Bruce Beresford. Austrália, 117 min.

MISS FISHER'S MURDER MYSTERIES (2012–2015). Escrito por vários. Austrália, Every Cloud Productions; tx. ABC Television 24/02/12–26/06/15, 60 min. x 34 eps.

NEIGHBOURS (1985–presente). Criado por Reg Watson. Austrália, Grundy TV for 7 Network; tx. 7 Network 1985, tx. 10 Network 1986–presente, 22 min. x 8911 eps.

NEWTON'S LAW (2017). Criado por Deb Cox e Fiona Eagger. Austrália, Every Cloud Productions; tx. ABC Television 09/02/17–30/03/17, 55 min. x 8 eps.

OFFSPRING (2010–presente). Criado por Debra Oswald, Imogen Banks e John Edwards. Austrália, Southern Star; tx. Network Ten 15/08/10–presente, 60 min. x 86 eps.

SONS AND DAUGHTERS (1982–1987). Criado por Reg Watson. Australia, Grundy TV for 7 Network; tx. 7 Network 17/01/82–19/08/87, 30 min. x 972 eps.

SWEET COUNTRY (2017). Escrito por David Tranter e Stephen McGregor. Dirigido por Warwick Thornton. Austrália, 110 min.

THE DOCTOR BLAKE MYSTERIES (2013–2017). Criado por George Adams e Tony Wright. Austrália, December Media; tx. ABC Television 01/02/13–05/11/2017, 57 min. x 44 eps.

THE WRONG GIRL (2016–presente). Criado por Judi McCrossin. Austrália, Playmaker Medias; tx. Network Ten 28/09/16–presente, 60 min. x 18 eps.

THE X FILES (1993–presente). Criado por Chris Carter. EUA, Ten Thirteen Productions/20th Century Fox Television; tx. Fox Network 10/09/1993–presente, 45 min. x 217 eps.

Após a máquina de escrever: o roteiro na era digital[1]

Kathryn Millard

Em 2003, dirigi o longa-metragem *Travelling Light* (2003), vagamente inspirado pela visita de Allen Ginsberg à Austrália para participar da Semana dos Escritores de Adelaide na década de 1960. O roteiro, que esteve em desenvolvimento por aproximadamente seis anos, foi financiado, esboço por esboço, pela Comissão Australiana de Cinema, a agência nacional de financiamento de filmes responsável pelo desenvolvimento de roteiros na época. O projeto foi concebido como uma narrativa multifacetada com um conjunto de personagens enfrentando momentos cruciais de suas vidas, todos conectados por suas relações com a televisão, em particular, com o programa de auditório fictício dos anos 1960 *Adelaide Tonight*, apresentado pelo também fictício Ray Sugars. O roteiro fez uso de temas de iluminação e eletricidade para serem amplamente aplicados na fotografia e na trilha sonora do filme. Todavia, como de costume, à medida que o projeto avançava nas etapas de financiamento, aumentou-se a pressão para que o roteiro obedecesse a uma estrutura de três atos mais clássica, conduzida por um protagonista. Eu, junto ao consultor de roteiro e ao produtor, fui aconselhada por avaliadores e leitores que deveríamos concluir o *set-up* mais rapidamente, cortar as cenas relativas à televisão das antigas, consideradas desnecessárias, e focar mais em uma personagem central, assim assegurando à personagem tempo de tela suficiente para manter a notável jovem atriz australiana que estava ligada ao projeto. Também fomos encorajados a preencher a trilha sonora com músicas de sucesso da década de 1970 para garantir uma conexão com o público. Essas pressões não vinham dos distribuidores do filme, que forneciam uma garantia de distribuição, mas sim da emissora pública e das agências governamentais de financiamento, que seriam peças fundamentais do quebra-cabeça financeiro se o roteiro fosse de fato chegar às telas. Naturalmente, meu discurso sobre cinema independente com sua ambiguidade, conflitos inter-

---

1 Publicado originalmente como "After the Typewriter: the Screenplay in a Digital Era", no *Journal of Screenwriting*, v. 1, nº 1, 2010, p. 11-25. (N.T.)

nalizados de personagens e temas visuais como mecanismos estruturantes não chegou muito longe.

Ao longo do terceiro, quarto e quinto tratamentos, o filme foi reestruturado e podado para se ajustar a um modelo mais alinhado aos fomentados pelos manuais de roteiro. No processo, as complexidades temporais, estilísticas e temáticas foram consideravelmente minimizadas. Por fim, fiz mudanças o suficiente para conduzir o filme às duas agências governamentais, à distribuidora cinematográfica australiana, às emissoras australianas – pública e de TV paga – e a um agente de vendas na Europa; todos necessários para garantir o equilíbrio no financiamento público do filme. A trama adicional inserida no último momento para encerrar a narrativa da forma exigida foi, sem dúvida, o aspecto mais "cru" do roteiro, apresentando um falso tom à caracterização de Lou, nosso personagem malandro/poeta da geração *beat*. Apesar de algumas indicações, prêmios e respostas entusiásticas, as reações da crítica ao filme foram nitidamente divididas, e *Travelling Light* teve dificuldade em encontrar seu público dentro do estreito intervalo de tempo no qual se esperam resultados até mesmo de filmes de nicho, de lançamento limitado.

Embora seja comum a afirmação de que os roteiros dos longas australianos são pouco desenvolvidos, eu argumento de maneira contrária. Minha experiência com *Travelling Light*, e como avaliadora de roteiros e consultora de diversos órgãos de financiamento, me leva à conclusão de que muitos roteiros são desenvolvidos até demais. Os poucos roteiros e projetos selecionados para desenvolvimento por meio de programas governamentais muitas vezes perdem o ímpeto e a energia como consequência desta seleção. Uma seleção que quase invariavelmente os submete a sessões exaustivas de avaliações, relatórios, revisões e mais revisões exigidas – tudo em nome do rigor crítico e dos imperativos da indústria cinematográfica. Pelo caminho, os roteiristas e seus colaboradores lutam para reter, ou reinjetar, em suas ideias audiovisuais o que o psicólogo social Abraham Maslow chamou em seus diários de uma qualidade de "vivacidade" (Lowry, 1982: 37), um atributo considerado por Maslow como fundamental para as obras de arte se quisessem se conectar com o público-alvo.

No início de sua carreira, Atom Egoyan observou que muitos mecanismos de desenvolvimento de roteiro e financiamento de filmes pareciam ter o intuito de atrasar a produção do filme o máximo possível, acreditando que isso seria uma coisa boa (Burnett, 1988). Nos muitos e diversos debates sobre *Travelling Light*, invariavelmente eram palavras em uma folha que estavam sendo discutidas, dissecadas e analisadas, em vez de imagens, sons, gestos, ritmo ou as qualidades cinematográficas do roteiro. Ainda assim, o trabalho de muitos roteiristas e cineastas inovadores há muito favorece a expressividade visual e sonora em detrimento do enredo e do impulso narrativo, e suas abordagens abrem um leque de metodologias alternativas de roteiro para análise. Os roteiros podem ser inspirados em fotografias, artes visuais, memórias sensoriais, fotos de locações, vídeos ou músicas populares. Roteiristas e cineastas renomados como Gus Van Sant, Jim Jarmusch, Tony Grisoni e Michael Winterbottom, Wong Kar Wai, Wim Wenders e Chantal Ackerman desenvolveram métodos de alternância entre a escrita e a produção, trabalhando com palavras e imagens. Esses roteiristas e cineastas abraçam a escrita de roteiros cinemáticos. Alguns dos termos utilizados para descrever os consequentes desenhos narrativos incluem o *mapa do caminho*, o *roteiro aberto*, o *cenário visual* e o roteiro *ars combinatoria* (Millard, 2006). Como sugere o diretor e teórico do roteiro J. J. Murphy: "a verdadeira inovação na escrita de roteiros... não vem da negação das convenções do filme ficcional, mas da capacidade de ver além de suas limitações" (Murphy, 2007: 266).

Desenvolvimento de roteiro como processo, não como um fim em si mesmo
Vejo-me cada vez mais interessada por processos de escrita e desenvolvimento voltados para a realização de filmes em contextos e parâmetros de produção *específicos*, em vez de programas de desenvolvimento de roteiro flutuantes que podem facilmente se tornar finalidades em si mesmos. Como a dramaturga australiana Noëlle Janaczewska aponta em seu blog "The Development Sceptic", o desenvolvimento mais proveitoso de novos roteiros se dá em contextos nos quais o escritor trabalha com a companhia e com os colaboradores comprometidos com a produção da peça. Janaczewska é particularmente cautelosa com programas de desenvolvimento influenciados pelas práticas de desenvolvimento de filmes. Ela argumenta:

> O cinema tem um leque de iniciativas de desenvolvimento, muitas das quais parecem existir para (a) proporcionar um fluxo de renda para avaliadores, consultores de roteiro, diretores de programa, administradores

e outros, presumivelmente enquanto tentam desenvolver seus próprios projetos, (b) gerar atividade e criar a ilusão de que o seu projeto/roteiro está avançando, e (c) explicar por que as coisas não podem ou não vão acontecer (Janaczewska, 2007).

Muitos processos de desenvolvimento apenas moldam roteiros para modelos preexistentes, para que a distinção entre obras seja gradualmente corroída, avaliação por avaliação, tratamento por tratamento. Segundo argumenta Ian W. Macdonald em sua discussão sobre a *ideia audiovisual* como base para o trabalho audiovisual em questão, processos de desenvolvimento como os realizados pela CILECT[2] envolvem roteiristas em oficinas nas quais "a ideia audiovisual estava sendo moldada, alterada e desenhada segundo o que os profissionais consideravam como correto, baseado na experiência internalizada e expressa como arte ou saber" (Macdonald, 2004: 91).

Embora as oficinas sobre as quais Macdonald discute sejam destinadas especificamente para roteiristas, que colaboram com diretores e produtores como parte de seus estudos nas faculdades de cinema, os métodos utilizados parecem baseados nos mesmos setores subsidiados da indústria cinematográfica. Ou seja, roteiros e projetos são constantemente selecionados com base em atributos como originalidade e inovação, somente para que então tenham essas mesmas qualidades sistematicamente minimizadas através do processo da oficina e do desenvolvimento de roteiro. Como sugere Lewis Hyde em seu livro sobre os arquétipos da criatividade, "as obras procedem segundo sua própria lógica [...] A avaliação prematura interrompe o fluxo" (Hyde, 2007: 187).

Para além da planta baixa

É comum referir-se ao roteiro como "*blueprint*", a "planta baixa" do filme por vir, mas talvez seja hora de reconsiderar esse termo. Afinal, o nome "*blueprint*" é derivado da cianotipia, processo fotográfico desenvolvido por John Herschel na década de 1840 (Ware, 2008). Herschel revestia o papel com compostos fotossensíveis, expondo-o à luz forte. No processo, partes do papel se transformavam em azul-prussiano. O cianótipo, uma das impressionantes técnicas dos primórdios da fotografia, não teve ampla aceitação pois

---

2 Centre International de Liaison des Écoles de Cinéma et de Télévision – CILECT. (N.T.)

muitos espectadores eram incapazes de aceitar um mundo representado em tons de azul e branco. Contudo, o processo foi amplamente utilizado para reproduzir desenhos técnicos de arquitetura e engenharia, até ser substituído por métodos de impressão menos dispendiosos nas décadas de 1940 e 1950 e, mais recentemente, por dispositivos digitais. Dado que o termo "*blueprint*" ainda traz consigo essa carga de desenho técnico e especificações, em vez de fluidez e fluxo, ele não parece a metáfora ideal para o roteiro. O desenvolvimento das ideias audiovisuais inevitavelmente envolve colaboração e, portanto, concentrar-se somente no roteiro como uma fonte para o filme-por-vir parece desnecessariamente restritivo.

A colaboração envolve leitura e releitura, anotações, discussão e reformulação, criação e recriação de algo que represente um acordo comum. Os leitores do roteiro e de outros documentos correlatos inevitavelmente constroem em suas cabeças uma versão da ideia audiovisual com a qual, ao contrário dos leitores de romances, devem contribuir (Macdonald, 2004: 91).

Esse mesmo processo apenas se intensificou com a proliferação das tecnologias digitais e dos métodos de trabalho que elas possibilitam. Na era do cinema digital, etapas anteriormente descontínuas de pré-produção, produção e pós-produção tendem a se fundir em uma única etapa mais fluida, em que imagens e sons podem ser retrabalhados em maior profundidade. Cada vez mais, elementos de pós-produção e pré-produção podem acontecer simultaneamente. É evidente então, mais do que nunca, que o roteiro precisa ser um documento flexível? O editor de cinema Walter Murch (1999) observa que "as tecnologias digitais tendem a naturalmente se integrar umas às outras". Talvez neste cenário seja mais apropriado considerar o roteiro como um texto aberto que esboça possibilidades e se mantém fluido durante o processo de produção do filme?

Courier e o roteiro

"O roteiro [...] é o registro de uma ideia para um trabalho audiovisual, escrito de forma altamente estilizada. Ele é restringido pelas regras de sua forma na página e é o tópico de normas e convenções industriais" (Macdonald, 2004: 81). Quando comecei a escrever roteiros na década de 1980 (juntando imagens e textos com tesouras, cola e fotocópias coloridas para construir o tratamento do roteiro de minha primeira produção), fiquei surpresa ao descobrir o grau de rigidez no qual eram prescritos os formatos do roteiro. Mesmo agora, as diretrizes da Nicholl Fellowships, patrocinada pela Academia de Artes e Ciências Cinematográficas dos Estados Unidos, advertem que você pode causar uma impressão negativa do seu roteiro através da seguinte lista de pontos fracos e indiscrições: "Arte na capa do roteiro; capas duras e lisas da Acco; encadernação de lombada em plástico; capas em estilo comercial ou de faculdade; grampeações fracas; grampeação 'perigosamente' longa; grampeação 'perigosamente' curta" (Academia de Artes e Ciências Cinematográficas, 2008). Lendo esta lista, uma visita à papelaria local começa a soar surpreendentemente complexa. São muitas as armadilhas que aguardam o roteirista em busca de validação profissional e eventual produção. As diretrizes da Nicholl seguem ao advertir contra "um roteiro grampeado ou preso com elástico em papéis que não sejam de três furos, roteiros excessivamente grossos, roteiros finos, encadernação com três anéis, cor de papel-cartão que, inadvertidamente, incomodam o leitor" (Academia de Artes e Ciências Cinematográficas, 2008).

Entretanto, a convenção número um é a de que o roteiro *deve* ser apresentado na fonte Courier, tamanho 12. Recomendações similares podem ser encontradas em manuais de roteiro e em diretrizes de inscrição em todo o mundo. Por quê? Será porque a fonte transmite uma sensação de atemporalidade, graças à sua associação com a máquina de escrever? No entanto, a fonte Courier não foi projetada no início do século XX junto com as primeiras máquinas de escrever produzidas em massa, mas muito mais tarde, em 1950, na era do Populuxe. Ela rapidamente se tornou uma das fontes mais populares, com mais versões disponíveis para quase todas as máquinas de escrever do mercado. Um dos primeiros anúncios para a onipresente Courier afirmava que "uma carta pode ser apenas um mensageiro comum, ou pode ser o correio (*courier*) que irradia dignidade, prestígio e estabilidade" (Vanderbilt, 2004).

Essa mensagem é exatamente o que muitos manuais de roteiro e editais de financiamento há muito tempo tentam incutir nos aspirantes a roteiristas. Apresente seus roteiros na formatação aprovada e você não apenas imbuirá seu trabalho de "dignidade, prestígio e estabilidade", mas também anunciará seu *status* como um membro da indústria cinematográfica. Em *What Ha-*

ppens Next: A History of American Screenwriting (Norman, 2008: 190-196), Marc Norman relata que Preston Sturges foi inicialmente contratado para escrever diálogos na Hollywood da década de 1930, com base em suas peças teatrais. O produtor Jesse Lansky inicialmente achou Sturges um amador quando este lhe sugeriu partir direto do *pitching* para o primeiro tratamento (contornando o argumento convencional de dez páginas, comum na época). Quando, um mês depois, Sturges lhe entregou um roteiro, Lansky teve que engolir suas palavras:

> [Era] um roteiro completo e de tamanho adequado, com um diálogo completo em todas as palavras, a ação de cada cena arquitetada para o diretor, incluindo instruções especiais para o câmera e todos os departamentos [...] Fiquei pasmo. Era o roteiro mais perfeito que já tinha visto [...] Eu não deixaria ninguém tocar em uma só palavra dele (Norman, 2008: 193).

Existem muitas formas de interpretar isso, mas é difícil ignorar a visão de que, aos olhos de Lansky, foi o domínio de Sturges na formatação do roteiro que concedeu a ele o *status* de verdadeiro profissional.

O computador pessoal e a ascensão e queda da Courier

Uma das principais razões pelas quais a Courier conseguiu migrar com sucesso da máquina de escrever para os primeiros computadores pessoais na década de 1980 foi que ela não demandava muita memória. Isso porque a Courier é uma fonte de *pitch* fixo, em que todos os caracteres têm a mesma largura e, portanto, não requer *kerning*. Talvez seja ainda mais importante notar que a embalagem da Courier com os primeiros PCs garantiu que os usuários pudessem replicar documentos que parecessem digitados em máquinas de escrever, permitindo uma transição suave para a nova era do processamento de texto e da computação pessoal. No entanto, em 2004, Tom Vanderbilt relatou que o Departamento de Estado dos Estados Unidos estava substituindo a Courier tamanho 12 como sua fonte oficial.

A Courier tamanho 12, criada em 1955 pela IBM, possivelmente seja a fonte mais reconhecível do século XX – um símbolo visual do anonimato datilografado, a disseminação generalizada de informações (e uma classificação de documentos), factualidade absoluta, e eficiência simplificada (Vanderbilt, 2004). Exilada das burocracias, a indústria do audiovisual continua sendo um dos últimos baluartes da Courier. Mas por quanto tempo?

A sabedoria popular nas indústrias de cinema e televisão sugere que o roteiro não é apenas um documento criativo, mas que também incorpora o planejamento da produção, provendo informações sobre a locação, atores, set, acessórios, horários do dia e, o mais vital de tudo, *timing*. Se as convenções usuais de formatação do cinema forem seguidas, uma página de roteiro equivale a um minuto de tela. Entretanto, suspeito que a equação nunca tenha sido tão facilmente calculada como a convenção pode sugerir. Diferentes gêneros e estilos de produções cinematográficas, assim como as preferências individuais dos padrões de cobertura de cada diretor, tendem a resultar em uma variação muito maior na proporção de página para tela do que o idealizado um minuto de tela por página de roteiro. Além disso, não se pode deixar de imaginar se a aplicação dessa equação não empurra o roteiro em direção a um documento de produção e orçamento, em vez de um registro criativo de ideias audiovisuais. Uma ideia em fluxo e transição, uma ideia a caminho de se tornar um filme. De fato, a insistência em um método único de escrita e apresentação de uma gama de ideias audiovisuais em todos os gêneros pode dever sua existência principalmente à necessidade de processar com eficiência grandes números de roteiros escritos especulativamente. Pode ser uma resposta ao número crescente de roteiros (alimentado em parte, pelo menos, pelo número crescente de manuais e workshops de roteiro), em vez de uma resposta às necessidades do processo de desenvolvimento.

Fluidez: improvisando o roteiro

O psicólogo cognitivista David Perkins aponta que "uma interação vívida entre o trabalho em desenvolvimento e a mente do artista" é um fator importante na elaboração de grandes projetos de escrita (John-Steiner, 1997: 128-129). O romancista Anthony Burgess, por exemplo, descreve os estágios iniciais de um novo projeto: "Traço um pouco no início [...] listas de nomes, sinopses brutas de capítulos e assim por diante. Mas não se pode planejar demais; tantas coisas são geradas pelo simples ato de escrever." Nelson Algren também falou sobre um livro encontrar a sua própria forma no processo de criação (John-Steiner,

1997: 128-129). Wong Kar-Wai "normalmente deixa que suas histórias evoluam à medida que as filma; ele simplesmente esboça um contorno da história, encontra locações e começa a gravar" (Bosley, 2001 apud Geuens, 2007: 413). Como posto por Wong, ele não sabe o que realmente quer na fase da escrita, portanto "fazer o filme é na verdade uma maneira de encontrar todas as respostas" (Tizard, 2002 apud Geuens, 2007: 213).

A teoria da criatividade dos "sistemas em evolução" propõe que as principais inovações nas artes e nas ciências são normalmente o resultado de extensos períodos de trabalho focado em projetos múltiplos e sobrepostos. Gruber classifica isso como a "rede de empreendimentos", argumentando que tal maneira de trabalhar aumenta a probabilidade de fecundação cruzada entre os projetos (Gruber e Wallace, 1989: 11-13). O cineasta canadense Guy Maddin usa exatamente tal processo. Ele descreve a origem de seu mocumentário *Brand Upon The Brain* (2006), explicando que fora abordado pela The Film Company, uma organização sem fins lucrativos de Seattle. Eles estavam dispostos a financiar um longa de baixo orçamento, contanto que fosse baseado em uma ideia original. Ou, como Maddin explica, "você não pode usar um *script* preexistente marcado pela presença do fôlego do produtor por toda a página de título" (Douglas, 2007). Maddin foi convidado a escrever algo novo dentro de um mês. Uma vez que os filmes do cineasta canadense normalmente revisitam sua autobiografia, era certo que algumas dessas cenas seriam incluídas.

> Eu não tive tempo para inventar um monte de coisas, então peguei alguns acontecimentos da minha infância, uma espécie de junção vital. Eu sabia que não tinha tempo para escrever diálogos, mas sabia que tinha tempo para improvisar um *filme poema*... especialmente se começasse a escrevê-lo durante o processo de edição, usando cartelas ou narração (Douglas, 2007).

Dessa maneira, o roteiro de Maddin nunca foi um roteiro tradicionalmente apresentado e formatado. Em vez disso, Maddin e seus colaboradores trabalharam partindo de um esboço de história com uma lista de cenários e adereços. O cineasta também descreve a introdução gradual de outros elementos na mixagem. Fascinado pela pós-produção de som, ele convidou a equipe de artistas de *foley* do filme para contribuir com uma apresentação ao vivo, e sua narração foi parcialmente inspirada por *benshi*, os explicadores dos filmes da Era Silenciosa japonesa. O trabalho de Maddin apresenta um modelo possível para a abertura do roteiro devido à sua insistência em trabalhar com elementos cinematográficos desde o início do processo.

As metodologias de Maddin e Wong também possuem paralelos com os processos de improvisação de músicos e artistas. O psicólogo social e teórico da criatividade Keith Sawyer observa que grupos de teatro de improviso que fazem "formas longas de improvisação" quase sempre preparam uma *estrutura maleável* com antecedência: "Bons improvisadores de jazz têm anos de experiência [...] eles constroem um repertório de frases, estruturas gerais, e memórias de solos de gravações famosas de outros músicos [...] Quando improvisam, eles se inspiram neste material" (Sawyer, 2007: 170). Em outras palavras, eles se baseiam nessas formas e frases, modificando-as e embelezando-as para atender às demandas de situações específicas. Ainda assim, nas indústrias do cinema e da televisão, geralmente apenas os atores têm a liberdade para improvisar. Estudos conduzidos nas indústrias de TI sugerem que inovadores bem-sucedidos constroem em estruturas limitadas: "o equilíbrio crítico para a inovação está à beira do caos; não muito rígido para evitar inovações, mas não muito frouxo para resultar em caos" (Sawyer, 2007: 169).

Histórias em quadrinho e *graphic novels*

O roteirista Jim Taylor (*Eleição*, 1999, e *Sideways – Entre umas e outras*, 2004) argumenta que os roteiros poderiam se inspirar mais nos quadrinhos e nas *graphic novels* em seus formatos e *layouts*. "Torço para descobrir uma nova forma de tornar os roteiros mais expressivos", diz Taylor (Ketchner, 2006). Taylor aponta o trabalho do artista de HQs Chris Ware como uma de suas inspirações para a experimentação da aparência de roteiros, já que nos quadrinhos de Ware, o texto costuma ser mais proeminente do que as imagens. Os próprios experimentos de Taylor na criação de um interesse visual incluem o uso de diversas fontes e de diversos formatos. Em uma página de amostra de *Sideways – Entre umas e outras*, ele delineou os personagens com o uso de diferentes fontes, formatando todas as falas do personagem Miles em *Comic Sans*, e todas as falas de Jack em *Chalkboard* (Ketchner, 2006).

O livro *Scriptwriting* (parte de uma série sobre animação básica), de Paul Wells, centra-se no papel das formas e dos conceitos narrativos, de imagens, sons e música no desenvolvimento de ideias audiovisuais (Wells, 2007). A riqueza de pontos iniciais usados por Wells para gerar narrativas audiovisuais inclui imagens icônicas, sons, memórias sensoriais, emoções, conceitos e recontagens de mitos e contos de fada já estabelecidos. Do mesmo modo, dispositivos estruturantes e métodos de análise incluem resumos, frisos e escadas que combinam esboços e textos feitos à mão e análise de eventos. Muitos desses métodos são tirados dos métodos de trabalho de uma gama diversa de roteiristas e diretores. Embora o livro *Scriptwriting* seja voltado para aqueles que estão começando a escrever para a área da animação, é a abertura dessa abordagem que a torna uma fonte valiosa de ideias para roteiristas. Em *Comics as Literature*, Rocco Versaci observa que os quadrinhos de todos os tipos estão cada vez mais sendo adaptados para o cinema. Embora os principais filmes de super-heróis venham se baseando em quadrinhos há muito tempo, conteúdos menos conhecidos e ousados também foram adaptados com sucesso em grandes produções; Versaci (2007: 11) cita *Sin City – A cidade do pecado* (2005) e *V de Vingança* (2005) como exemplos. Sua análise dos quadrinhos sugere, no entanto, que a forma tem mais a oferecer ao cinema do que simplesmente uma pilha de histórias prontas para adaptação. Para ele, os quadrinhos são uma forma de linguagem gráfica que opera dentro de uma poética única.

A narração em quadrinhos combina e modifica características compartilhadas por outras formas de arte – especialmente literatura, pintura, fotografia e cinema. Como a literatura, "os quadrinhos contêm narrativas escritas e diálogos e empregam dispositivos como caracterização, conflito e enredo [...] os quadrinhos misturam palavras e imagens [...] Diferentemente do cinema, as imagens nos quadrinhos são 'lidas' mais como pinturas e fotografias do que 'assistidas' como filmes" (Versaci, 2007: 13).

Versaci afirma que ler a interação entre o escrito e o visual é algo complexo e que os quadrinhos não acontecem nas palavras ou nas imagens, mas "em algum lugar entre elas", em um processo que requer a participação ativa do leitor para preencher os detalhes entre os painéis. "É esse *preenchimento do espaço entre as palavras e as imagens*", sugere Versaci, que promove uma intimidade entre o criador e o público" (Versaci, 2007: 14, grifo meu). A meu ver, é essa mescla dinâmica de palavras e imagens, o fato de que imagens tanto quanto palavras (e a relação entre as duas) são centrais desde o início, que faz dos quadrinhos e das *graphic novels* um modelo particularmente interessante para o roteiro.

Um artista/ilustrador cujo trabalho considero especialmente inspirador é John M. Muth. Em sua *graphic novel M*, Muth reconstituiu o filme de Fritz Lang (1931) sobre a investigação de um assassinato de uma criança com um elenco de atores de sua vizinhança e uma coleção de figurinos emprestados (Muth, 2008). Ele então produziu aquarelas baseadas em fotografias dessas reconstituições. Suas imagens desfocadas e borradas dos personagens ajudam a transmitir a noção de uma versão mais mundana de *M*. Sua *graphic novel* justapõe fotografias de ação dramática e evidências da investigação – mapas, memorandos, compassos de músicas tenebrosas e balões de diálogo. *M* propõe mais um caminho possível para o roteiro, talvez com imagens coletadas e montadas, para aqueles que não têm as habilidades de Muth como artista visual.

Em seu relato sobre o "pensamento inovador" nas artes e nas ciências, *Notebooks of the Mind*, a psicóloga cognitivista Vera John-Steiner argumenta que imagens são uma forma mais sutil de representar ideias do que palavras (John-Steiner, 1997: 109). Isso não quer dizer, é claro, que palavras como a descrição das cenas em um roteiro não possam evocar imagens na mente dos leitores. De fato, em sua discussão sobre a evolução do roteiro, Kevin Boon argumenta que a tendência para menos informações técnicas nos roteiros e um estilo literário mais destilado tem sido particularmente marcada nos últimos trinta anos (Boon, 2008). Boon descreve essa transição como o cinema e a televisão sacudindo as influências da encenação teatral e desenvolvendo uma forma literária própria e distinta. Ele considera o roteiro influente de Robert Towne para *Chinatown* (2004) como um marco significativo nessa evolução. No entanto, para Boon, o objeto de análise do roteiro é sempre a documentação escrita, e não os processos e colaborações que são parte tanto do desenvolvimento da ideia audiovisual quanto da sua transformação em obra audiovisual. Talvez isso decorra do fato de que, ao mapear as mudanças na formatação do roteiro ao longo do século passado em diante, a preocupação central de Boon seja defender o roteiro como uma forma literária distinta?

Adicione palavras: formatos

Desde talvez o início da década de 1990, o *software* padrão da indústria cinematográfica para a escrita de roteiros tem sido o Final Draft, comercializado com o slogan "Adicione palavras" (Final Draft, 2009). Embora a função principal do Final Draft seja ajudar os escritores a formatar roteiros segundo os padrões da indústria, o programa também contém um solucionador de problemas especializado baseado no paradigma estrutural de três atos de Syd Field. Este solucionador gera relatórios e sugestões sobre como o roteiro poderia se encaixar melhor no paradigma de Field. Outros *softwares* para a escrita de roteiros, como o Dramatica, também incluem paradigmas de história restritivos. Ironicamente, no momento em que as tecnologias digitais e a mídia em rede estão abrindo novos métodos para esboçar ideias audiovisuais e colaborar com outras pessoas, grande parte dos *softwares* de roteiro pode estar servindo para restringir a gama de possíveis estratégias de narrativa em oferta. Modelos de histórias de nomes como os de Syd Field, Christopher Vogler e Robert McKee migraram para plataformas digitais, junto com o Final Draft e sua fonte Courier. Por outro lado, alguns indivíduos e comunidades estão desenvolvendo programas de computador *shareware*, como o Celtx, que permitem aos escritores adicionar "recursos" aos modelos convencionais de roteiro. Esses "recursos" podem incluir vídeo, *stills*, música e som. O Celtx também almeja construir comunidades online que possam reagir aos trabalhos uns dos outros. A fonte potencial de inovação acontece quando essas características são vistas como auxiliares tanto para a escrita do roteiro como para a pré-produção e a produção. Embora programas como o Celtx ainda tenham um longo caminho a percorrer para possibilitar um uso mais fluido de imagens, sons e palavras no desenvolvimento dos trabalhos e ideias audiovisuais, eles talvez apontem para um novo conjunto de possibilidades para o roteiro. Semelhantemente, os *softwares* de pré-visualização, como o Frameforge 3D, sugerem novas possibilidades quando usados como uma ferramenta para produzir escrita e cenários, em vez de uma ferramenta do diretor para a fase de pré-produção.

A escrita multiplataforma

"Quer algumas dicas para escrever um roteiro? Adicione ilustrações ao seu roteiro. Então, coloque os diálogos em balões. Se as recentes aquisições de estúdios são alguma evidência, então a maneira mais rápida de conseguir um contrato com o cinema hoje em dia talvez seja apenas transformar sua próxima grande ideia em uma *graphic novel*", escreveu Jay Fernandez na revista *The Hollywood Reporter* (Fernandez, 2008). Uma nova geração de roteiristas, que cresceu em um mundo conectado saturado pelo YouTube, TiVo, mensagens instantâneas, MP3s e telefones celulares, assim como histórias em quadrinho, está abandonando a ideia de escrever apenas para o cinema. Em vez disso, eles estão adotando uma abordagem mais elástica e multiplataforma. Segundo alguns comentaristas, a era do roteiro especulativo (*spec*) com seus exércitos de leitores pode ter passado. O empresário/produtor Paul Young, por exemplo, encoraja seus clientes de comédia a filmar trechos de seus roteiros especulativos e postá-los online. Ele vê produtores, estúdios e distribuidores olhando para além da página impressa como conteúdo para a filmagem. Muitas pessoas estão acostumadas a assistir ao conteúdo online e não esperam que ele tenha grandes custos de produção, sugere Young (Fernandez, 2008).

***

Todos estamos sujeitos ao que Susan Stewart chama de "autoperiodização da cultura popular", às formas como as mudanças nas tecnologias e plataformas de exibição moldam as nossas experiências como espectadores (Straw, 2002: 313). Courier, um fruto da década de 1950, talvez pudesse ser considerado o equivalente da indústria cinematográfica ao *Ploughman's Lunch*.[3] Se o *Ploughman's Lunch* foi uma falsa herança cultural criada na década de 1980 para impulsionar o comércio na hora do almoço nos *pubs* britânicos, poderíamos ver o Courier como uma fonte mantida por uma indústria cinematográfica nostálgica, tentando se manter alinhada com a era da Hollywood clássica?

Os teóricos midiáticos Henry Jenkins e David Thorburn desafiam a suposição de que as novas tecnologias substituem os sistemas mais antigos com uma rapidez decisiva. "A mudança da mídia é um processo gradual e acretivo, sempre uma mistura de tradição e inovação, na qual sistemas emergentes e

---

3 É uma refeição fria inglesa comumente consumida na hora do almoço à base de pão, queijo e cebola. (N.T.)

estabelecidos interagem, mudam e conspiram uns com os outros" (Jenkins e Thorburn, 2003: x). Muito do cinema não começou pelo filme, mas migrou de formas de arte e entretenimentos mais antigos. Consequentemente, suas histórias podem ser encontradas na fotografia, na pintura, nos retratos, na música, nos parques de diversões, em *peep* shows, palácios de imagens, *nickelodeon*, shows de mágica, literatura de viagem, aula ilustrada, experimentos de ciência pública, máquina de escrever e rascunhos arquitetônicos.

O cinema digital continua a se transformar, se adaptar e se reconfigurar. Muito da era atual, com a proliferação de tecnologias digitais, nos remete aos primórdios do cinema e cria espaços para investigar os caminhos que não foram percorridos, as possibilidades não exploradas, as ramificações e voltas, ou os atalhos do cinema, como Guy Maddin os descreve (Marlow, 2004). O teórico do cinema Robert Stam aponta: "O pré-cinema e o pós-cinema passaram a se assemelhar. Então, agora, tudo parece possível" (Stam, 2000: 318). Penso que o mesmo vale para o roteiro. Como Lawrence Lessig argumenta, as maneiras mais interessantes de escrever são cada vez mais com imagens e sons além de texto (Koman, 2005). Os processos de escrita do roteiro e produção de filmes foram separados desde os primeiros anos do cinema, quando Thomas Harper Ince, a resposta de Hollywood para Henry Ford, concebeu seu sistema industrial do *script* de continuidade como base para produções pré-planejadas (Staiger, 1985 apud Geuens, 2000: 83). Mais de noventa anos depois, a era digital oferece a possibilidade de reunir a escrita de roteiro e a produção cinematográfica em uma noção ampliada de roteiro.

Referências

ACADEMY OF MOTION PICTURE ARTS AND SCIENCES. *A Few Notes on Formatting*. 2008. Disponível em: http://www.oscars.org/nicholl/format.html. Acesso em 31 ago. 2008.

BOON, K. *Script Culture and the American Screenplay*. Detroit, Michigan: Wayne State University Press, 2008.

BOSLEY, R. Infidelity in the Far East. *American Cinematographer*, v. 82, nº 2, p. 22-33, 2001.

BURNETT, R. *Atom Egoyan: An Interview*. 1988. Disponível em: http://www2.cruzio.com/~akreyche/aeai1.html. Acesso em 24 maio 2009.

CELTX, 2009. Disponível em: http://celtx.com/overview.html. Acesso em 24 maio 2009.

DOUGLAS, E. *Guy Maddin's Brand Upon The Brain!* Entrevista com Guy Maddin, 2007. Disponível em: http://www.comingsoon.net/news/movienews.php?id=20244. Acesso em 24 maio 2009.

DRAMATICA, 2009. Disponível em: http://www.dramatica/com. Acesso em 8 jun. 2009.

FERNANDEZ, Jay A. Evolution of a Screenwriter. *Hollywood Reporter*, 24th July, 2008. Disponível em: http://vivicardso.blogspot.com/2008/08/evolution-of-screenwriter.html. Acesso em 3 de ago. 2009.

FINAL DRAFT, 2009. Disponível em: http://www.final draft.com. Acesso em 8 jun. 2009.

GEUENS, J-P. *Film Production Theory*. Nova York: State University of New York Press, 2000.

_____. The Space of Production. *Quarterly Review of Film and Video*, v. 24, nº 5, p. 411-420, 2007.

GRUBER, H. e WALLACE, D. (eds.). *Creative People at Work: Twelve Cognitive Case Studies*. Oxford: Oxford University Press, 1989.

HINE, T. *Populuxe*. London: Bloomsbury, 1989.

HYDE, L. *The Gift: Creativity and the Artist in the Modern World*, 2nd ed. U.S.A.: Vintage, 2007.

JANACZEWSKA, N. *The Development Sceptic*. 2007. Disponível em: http://outlier-nj.blogspot.com. Acesso em 24 maio 2009.

JENKINS, H. e THORNBURG, D. (eds.). *Rethinking Media Change: the Aesthetics of Transition*. Cambridge: MIT Press, 2003.

JOHN-STEINER, V. *Notebooks of the Mind: Explorations of Thinking*. Oxford: Oxford University Press, 1997.

KETCHNER, Andrea. *Screenwriter Jim Taylor Talks Comics*, 2006. Disponível em: http://www.tsl.pomona.edu/index.php?article=1371. Acesso em 3 ago. 2009.

KOMAN, R. Remixing Culture: An Interview with Lawrence Lessig. *O'Reilly Network*, 2005. Disponível em: http://www.oreillynet.com/pub/a/policy/2005/02/24/lessig.html. Acesso em 24 maio 2009.

LOWRY, R. J. (ed.). *The Journals of Abraham Maslow*. Lexington, Massachusetts, Brattleboro, Vermont: Lewis Publishing, 1982.

MACDONALD, I. Disentangling the Screen Idea. *Journal of Media Practice*, v. 5, nº 2, p. 89-99, 2004.

MARLOW, J. *The Reconfiguration of Film History: Guy Maddin' GreenCine*, 28 abr., 2004. Disponível em: http://greencine.com/article?action+view&articleID+118. Acesso em 3 ago. 2009.

MILLARD, K. Writing for the Screen: Beyond the Gospel of Story. *Scan*, v. 3, nº 2, 2006. Disponível em: http://scan.net.au/scan/journal/display.php?journal_id=77. Acesso em 24 maio 2009.

MONTAGE, 2009. Disponível em: http://www.marinersoftware.com. Acesso em 8 jun. 2009.

MURCH, W. A Digital Cinema of the Mind? Could be. *New York Times*, 1999. Disponível em: http://filmsound.org/murch/murch.htm. Acesso em 24 maio 2009.

MURPHY, J. J. *Me and You and Memento and Fargo: How Independent Screenplays Work*. New York: Continuum, 2007.

MUTH, J. *M: A Graphic Novel Based on the Film by Fritz Lang*. New York: Abrams, 2008.

NORMAN, M. *What Happens Next: A History of American Screenwriting*. Great Britain: Aurum, 2008.

SAWYER, Keith. *Group Genius: The Creative Power of Collaboration*. Cambridge, MA: Basic Books, 2007.

STAIGER, Janet. *Blueprints for Feature Films: Hollywood's Continuity Scripts in Balio*, Tina (ed.) The American Film Industry: Madison: University of Wisconsin Press, 1985.

STAM, R. *Film Theory: An Introduction*. United Kingdom: Blackwell, 2000.

STRAW, W. Re-Inhabiting Lost Languages: Guy Maddin's Careful. In: WALZ, E. (ed.). *Canada's Best Features: Critical Essays on 15 Canadian Films*. Canada: Ropodi, 2002.

TIZARD, L. *Moviemakers' Master Class*. New York: Faber and Faber, 2002.

VANDERBILT, T. Courier Dispatched. *Slate* 20 Fevereiro, 2004. Disponível em: http://www.slate.com/id/2095809/. Acesso em 24 maio 2009.

VERSACI, Rocco. *This Book Contains Graphic Language: Comics as Literature*. New York: Continuum, 2007.

WARE, M. *Alternative Photography*, 2008. Dispoível em: http://www.mikeware.co.uk/mikeware/John_Herschel.html. Acesso em 24 maio 2009.

WELLS, P. *Scriptwriting*. Singapore: Ava Publishing, 2007.

WILDER, Billy e DIAMOND, H. A. L. *One, Two, Three* (Based on a one-act play by Ferenc Molnar). (Munich? The Mirisch Company?). Unpublished screenplay. Thomas Pevsner Collection, Leeds Metropolitan University, c. 1961.

Filmes

BRAND UPON THE BRAIN (2006). Escrito por Guy Maddin e Louis Negin. Dirigido por Guy Maddin. Canadá, 95 min.

ELECTION (1999). Escrito por Alexander Payne e Jim Taylor. Dirigido por Alexander Payne. EUA, 103 min.

M (1931). Escrito por Thea von Harbou e Fritz Lang. Dirigido por Fritz Lang. Alemanha, 117 min.

SIDEWAYS (2004). Escrito por Alexander Payne, Jim Taylor. Dirigido por Alexander Payne. EUA, 126 min.

SIN CITY (2005). Escrito por Frank Miller. Dirigido por Frank Miller, Robert Rodriguez e Quentin Tarantino. EUA, 124 min.

TRAVELLING LIGHT (2003). Escrito por Kathryn Millard. Dirigido por Kathryn Millard. Austrália, 84 min.

V FOR VENDETTA (2005). Escrito por Andy Wachowski e Larry Wachowski. Dirigido por James McTeague. EUA, 132 min.

Citações corretas e incorretas da *Poética* de Aristóteles na bibliografia atual de roteiro[1]

Carmen Sofía Brenes

Este capítulo[2] tem como objetivo explorar a gama de interpretações da *Poética* de Aristóteles em manuais de roteiro publicados nos Estados Unidos desde 1979, o ano em que *Screenplay: The Foundations of Screenwriting* de Syd Field foi publicado. Sobretudo, este texto busca demonstrar que, na maioria das vezes, as citações da *Poética* nesses manuais têm por finalidade ensinar como escrever roteiros e não se preocupam em produzir estudos mais aprofundados relativos às demais obras do filósofo grego (*Retórica*, *Política*, *Metafísica*, *Ética* etc.). Dessa forma, este texto sugere uma releitura da *Poética* que considere não apenas sua dimensão didática e técnica, mas também a relativa à filosofia e à sabedoria[3] e, por conseguinte, ao interesse profissional para roteiristas e espectadores.[4]

Antes de analisar os textos é importante pontuar três esclarecimentos. O primeiro deles é que, ao escrever uma história, o primeiro encontro do autor costuma ser com os personagens. São eles que, por meio de seus atos, dão origem ao mundo fictício em que estão inseridos. A maioria dos livros sobre roteiro estudados neste capítulo aborda a *Poética* a partir dessa perspectiva de "primeira leitura" ou "primeira navegação", em que os meios de

---

[1] Publicado originalmente como "Quoting and Misquoting Aristotle's *Poetics* in Recent Screenwriting Bibliography", na *Communication and Society / Comunicación y Sociedad*, v. 27, nº 2, p. 55-78, 2014. (N.T.)

[2] Este texto foi financiado pelo Fundo Nacional de Desenvolvimento Científico e Tecnológico e faz parte do Projeto de Iniciação do FNDCT 11110275. É o segundo de três artigos que tratam da relação entre *Poética* de Aristóteles e roteiro. A abordagem teórica inicial foi publicada em Brenes, 2011. O primeiro artigo propõe que uma compreensão mais aprofundada do mito poético como "representação da ação" (Aristóteles, 2008: 1450a 16-17) e como "a alma da tragédia" (Aristóteles, 2008: 1450a 40-41) pode ser de grande utilidade para o roteirista ao reescrever a história e para o espectador durante o progresso de compreensão sintética que a recepção crítica de uma obra pressupõe. Pelo que pude constatar, a bibliografia estudada não considera essa interpretação.

[3] Ver Rorty, 1992: contracapa, em que Rorty aponta que a *Poética* de Aristóteles deve estar relacionada com suas psicologia, história, ética e política. Ver também Rorty, 1992: 1: "*If we accept his explanation [about tragedy], then we must also accept a good deal of his psychology and ethics*".

[4] Entendo, com García-Noblejas, que as profissões de comunicação, que incluem criadores de ficção, requerem "algo mais do que mera habilidade técnica". Envolvem também "o caráter prático do *saber--como-agir*" e, portanto, estão fortemente relacionadas às "dimensões típicas da razão ética, estética, política, retórica e poética" (García-Noblejas, 2000: 49).

acesso à história são os personagens. Por isso, é compreensível que a maior parte deles não consiga abordar os "sentidos" propostos nas histórias, que são responsáveis pelo que nelas se passa, visto que, na *Poética*, o "sentido" está associado ao conceito de *mythos* como o pressuposto que dá vida aos personagens e a outros elementos na história. Mas o *mythos*, que é "como que a alma da tragédia" (Aristóteles, 2008: 1450a 40-41), é um pressuposto que "ainda não" se materializou quando a história está sendo escrita ou vista pela primeira vez, mas que "aparece" assim que ela termina. Portanto, é comum que os manuais não o levem em consideração.[5]

O segundo esclarecimento diz respeito à consideração de que Aristóteles escreveu a *Poética* pensando não apenas nos poetas e autores das obras dramáticas que estudou, mas também se dirigindo aos espectadores destas. Tal é a opinião de Hallvard Fossheim ao comentar *Poética*, que se refere às duas causas que deram origem à atividade poética. Fossheim (2003: 84) argumenta que a primeira causa enunciada por Aristóteles – a imitação é conatural aos homens desde a infância, e através dela eles adquirem seu primeiro conhecimento – refere-se ao poeta enquanto autor, já a segunda – todos apreciam obras de imitação – refere-se ao espectador.[6] Isso significa que, além da leitura do texto como um guia de "como fazer" histórias, uma "segunda" leitura mais completa da *Poética* revela-se necessária, a partir da qual se possa refletir sobre os sentidos que cada história tem para o espectador sobre a ação de vida que representa.[7]

O terceiro esclarecimento, também de caráter geral, refere-se ao título deste texto. *Citações* é um termo que vem sendo usado em sentido amplo. Em alguns casos, como veremos, alguns autores citaram a própria obra *Poética* de forma incorreta. No entanto, em outros, as citações foram tiradas de fontes secundárias, o que originou as interpretações errôneas. Por exemplo, é dito com frequência que a divisão em três atos foi originalmente apresentada por Aristóteles. No entanto, essa atribuição não é totalmente justa. Dessa maneira, uma das recomendações deste trabalho é voltar à *Poética* tendo em mãos uma boa tradução (preferencialmente em uma edição bilíngue) e lê-la à luz do que outros especialistas na obra disseram.

---

5   Tratei deste assunto em Brenes, 2012. Ver também García-Noblejas, 2004.
6   O mesmo esclarecimento aparece em Donini, 2004: 41, e em García-Noblejas, 2006: 75-76.
7   A ideia de que o objeto da mímesis poética é a vida é explicitamente desenvolvida em García-Noblejas, 1982. Ver, para exemplificação, p. 470-471. Ver também Ricoeur, 2006: 12.

O seguinte estudo é introduzido por uma seção que delimita o *corpus* das obras estudadas e apresenta uma prévia dos resultados obtidos. As seções a seguir lidam com 26 livros de forma mais aprofundada e tecem comentários críticos sobre a forma como cada um cita a *Poética* de Aristóteles.

Aristóteles e os manuais de roteiro

Entre os anos de 2007 e 2012, mais de cem novos livros sobre roteiro audiovisual foram registrados na Biblioteca do Congresso[8] dos EUA. Este capítulo estudou 68 destes livros e outros 27 manuais publicados desde 1979, o mesmo ano de publicação do livro de Syd Field, considerado o pioneiro nesta disciplina.[9] Essa vasta bibliografia pode ser agrupada inicialmente em duas categorias: alguns livros, que chamaremos de manuais, foram escritos com a intenção de ajudar roteiristas em seus trabalhos; outros textos, que chamaremos de acadêmicos, possuem um ponto de vista mais crítico do que criativo e estudam os roteiros ou histórias como objetos já concluídos ou em conclusão ou consideram aspectos históricos, sociológicos, econômicos e/ou outros. Este capítulo concentra-se nos manuais.

Examinaremos primeiro alguns dados básicos. Dos 95 manuais estudados, 59 citam Aristóteles e 36 não. Dos 27 livros publicados antes de 2007, 22 citam a *Poética* e 5 não, enquanto dos 68 livros mais recentes, 37 citam a *Poética* contra 31. Uma primeira análise desses dados permite dizer que, antes de 2007, a referência à *Poética* de Aristóteles era proporcionalmente maior do que nos últimos cinco anos.[10]

Por sua vez, entre os 59 manuais que citam Aristóteles, há uma diferença. De um lado, alguns dos textos mencionam a *Poética* apenas brevemente, muitas vezes referindo-se à divisão em três atos, à unidade ou à priorização

---

8 Livros sobre roteiro costumam ser classificados em "*Motion picture plays*" ou "*Motion picture authorship*". Ver Biblioteca do Congresso [online]. Disponível em: http://www.loc.gov/index.html. Acesso em 21 jun. 2013.

9 Ver Cunningham, 2008: 4. "*Screenplay: The Foundations of Screenwriting* de Syd Field tem sido o manual mais vendido desde sua primeira publicação em 1979" (Murphy, 2007: 7).

10 A seleção destes 95 livros foi feita tendo em mente suas influências sobre outros autores (no caso de manuais clássicos como os de S. Field, R. Walter, L. Seger, R. McKee etc.), a utilidade que lhes foi dada em programas de roteiro e sua acessibilidade. Todos os textos mencionados foram encontrados nas bibliotecas de quatro universidades com programa de roteiro de MFA na Califórnia: USC, UCLA, CSUF e CSUN, ou na livraria da Amazon. Obviamente, nem todos os manuais publicados foram incluídos neste trabalho. No entanto, o tamanho da amostra parece ser grande o suficiente para explicar a maneira como esses textos citam Aristóteles.

da ação sobre os personagens. Neste grupo estão os livros de D. Baboulene, T. Baehr, M. Beker, D. Calvisi, J. Clark, M. Dimaggio, S. Field na análise de quatro roteiros, D. M. Flinn, S. Frank, A. Horton, N. Iandolo, K. Iglesias, Ch. Keane, R. Krevolin, N. Landau, W. C. Martell, D. McKenna e Ch. Vogler, M. A. Phillips e Ch. Huntley, M. Rabiger, J. Selbo, J. Schechter, A. Sokoloff, R. Suppa, e J. Truby.[11] Do outro lado estão os livros que citam a *Poética* de Aristóteles mais vezes ou que discutem algumas das afirmações do filósofo grego.

Os resultados gerais indicam que, nos manuais de roteiro analisados, as referências à *Poética* são feitas a partir da perspectiva da criação artística. Ou seja, os autores leem o texto de Aristóteles em busca de conselhos sobre *como* fazer histórias. Na maioria dos casos, a leitura se concentra naquilo que, por analogia, pode ajudar a escrever um roteiro.

Os tópicos mais citados são: a prioridade do enredo sobre os personagens; a divisão da ação em três momentos – início, meio e fim –; a distinção entre gêneros; o efeito do drama no espectador; as reviravoltas da ação dramática – viradas e reconhecimentos –; a unidade da ação; e o caráter inevitável e imprevisível do fim. Em menor medida, a *Poética* também é referida no contexto do significado da ficção para a vida humana; na extensão ou na magnitude do enredo; na relação entre a história e as narrativas; e na mimese.

Com exceção de M. Tierno, Ch. Kallas, Z. Rush e G. Gallo, os autores não se preocupam com o que foi dito por outros especialistas neste texto clássico. Ou seja, não consideraram a *Poética* como uma reflexão sobre "a tematização dos princípios que norteiam a produção de um tipo peculiar de artefatos como as obras artísticas de natureza imitativa" (Vigo, 2007: 241), mas apenas na medida em que pode ser usada como guia para a criação de histórias. Ou seja, na maioria dos casos, a *Poética* só é vista como um "livro de instruções" voltado para o criador.

Essas abordagens da *Poética* levaram a diferentes cenários. Em alguns casos, foi considerado um livro de referência obrigatório para roteiristas (S. Field, R. Walter, D. E. Howard e Mabley, L. Hunter, R. McKee, L. Cowgill, R. U. Russin e W. M. Downs, D. B. Gilles e J. McBride, por exemplo); em outros, como um texto base para as ideias que cada autor está interessado em desenvolver (L. Seger, R. Tobias, W. Froug, D. M. Flinn, L. Lee, P. J. Gulino,

---

11 Conferir as referências completas na bibliografia.

H. Suber, L. Schellhardt, K. Cunningham, e R. Krevolin); em outros, como diálogos com o livro para melhorá-lo (K. Dancyger e J. Rush, e C. Batty), ou até mesmo para negar seu valor (Z. Rush).

A seção a seguir apresenta uma breve revisão de cada manual em termos dessas categorias. Sob cada epígrafe, as obras aparecem em ordem cronológica de acordo com suas datas de publicação. A última epígrafe é referente às obras que se aprofundaram na *Poética*.

A *Poética* como referência necessária para textos de roteiro

The Foundations of Screenwriting de Syd Field foi publicado em 1979. Antes disso, existiram outras publicações relativas à dramaturgia e a entrevistas com roteiristas,[12] mas ele "é o primeiro a escrever um livro popular sobre a arte de produzir roteiros" (Boon, 2008: 26). Field cita Aristóteles para se referir ao que chama de *princípios dramáticos*, que incluem a estrutura de três atos "estabelecida inicialmente por Aristóteles" (Field, 1979: 30); às três unidades da ação dramática: tempo, lugar e ação (Field, 1979: 22); e à relação entre ação e personagens, da qual Field conclui: "seu personagem precisa ser ativo, precisa estar fazendo coisas, fazendo as coisas acontecerem, não apenas reagindo o tempo todo [...] Seu personagem é o que ele/ela faz" (Field, 1979: 54). Ao fim do livro, Field diz: "Eu não descobri nada novo; tal conceito de contar histórias existe desde a época de Aristóteles. Apenas revelei o que já estava lá, nomeei e demonstrei sua funcionalidade no cinema contemporâneo" (Field, 1979: 305).

Em 2006, na edição revisada de *Os exercícios do roteirista*, Field (2008) não acrescenta nada do que já havia dito sobre Aristóteles. Uma das citações incorretas mais frequentes da *Poética* originou-se de uma simplificação exagerada do autor, quando disse que a estrutura de três atos é mencionada na obra aristotélica. Como já apresentado, a *Poética* nunca se refere a atos. Quando Aristóteles fala de três partes na ação dramática, ele quer enfatizar o fato de que nada precede o início da ação e que nada acontece após seu término (Aristóteles, 2008: 1450b 25-32).

As propostas de Field foram criticadas por serem estereotipadas.[13] No entanto, é preciso reconhecer que seu trabalho foi um dos primeiros a sis-

---

12 Ver, por exemplo, Lawson, 1960.
13 Por exemplo, Murphy, 2007: 7-15, em que o autor faz uma apresentação concisa, embora crítica, das propostas de S. Field, R. Walter, L. Seger e R. McKee. Ver também Davis e De Los Rios, 2006: 157-172.

tematizar de forma escrita o que se ensinava nos Estados Unidos nas então jovens escolas de roteiristas. E, com isso, facilitou a criação de obras que fizeram sucesso na Hollywood daqueles anos.

Richard Walter, fundador e professor do Programa de Mestrado em Roteiro da UCLA, escreveu seu primeiro livro sobre roteiro em 1988. Nele, refere-se à *Poética* como a "Bíblia" dos roteiristas, como reafirmou mais de vinte anos depois, em *Essentials of Screenwriting: The Art, Craft, and Business of Film and Television Writing*, publicado em 2010, em que afirma que se precisasse escolher entre Aristóteles e outro autor, ainda promoveria o primeiro: "Acredito que o velho companheiro vai resistir" (Walter, 2010: 13).

Walter não se vale da *Poética* apenas como manual de escrita, mas como uma fonte de inspiração. No livro publicado em 2010, o autor apoia-se na fala de Aristóteles sobre a extensão da obra para se referir à estrutura de três atos, embora esclareça que "na verdade, Aristóteles jamais menciona 'Atos'. Em vez disso, fala de princípios, meios e fins" (Walter, 2010: 13). Também menciona a *Poética* em conexão com os personagens quando aponta que, para Aristóteles, a história é "o primeiro princípio da sólida arte dramática" (Walter, 2010: 94). No entanto, Walter discorda do texto grego ao afirmar que, ao terminar de assistir a um filme, o espectador se lembra não das ações, mas sim do personagem.

Como observado, tanto Field quanto Walter citam noções da *Poética* que orientam como escrever uma história e, portanto, como priorizar os personagens. Tendo por objetivo produzir um texto que ajude profissionais a escrever roteiros, eles não perguntam o porquê dessas afirmações, tampouco seus sentidos no que diz respeito à finalidade da obra. Desse ponto de vista, citam corretamente o texto aristotélico, entendido como uma caixinha de truques para aspirantes a roteiristas, mas não avançam no que se poderia chamar de uma "primeira leitura".

Em 1993, David Howard assumiu a reedição e adaptação para roteiro do livro *Dramatic Construction, an Outline of Basic Principles: Followed by Technical Analyses of Significant Plays by Sophocles... and Others* de Edward Mabley (1972). Esse trabalho deu origem a *The Tools of Screenwriting: A Writer's Guide to the Craft and Elements of a Screenplay* (Howard e Mabley, 1995). Onze anos depois, Howard (2004) publicou *How to Build a Great Screenplay: A Master Class in Storytelling for Film*, tendo a experiência de 24 anos como professor na Escola de Artes Cinematográficas da USC. Em ambos os livros, Howard argumenta que "não se pode escrever sobre teoria dramática sem, de alguma forma, se valer das ideias de Aristóteles." Ao mesmo tempo, reconhece que apenas Aristóteles não basta, e que se deve também aprender com a tradição da dramaturgia europeia.

Essa relação entre o roteiro e a dramaturgia é de particular interesse quando se considera a *Poética* não como um manual, mas como um texto que também reflete sobre os princípios da arte dramática e da narrativa.[14]

Howard cita Aristóteles algumas vezes em cada um dos livros. Em *The Tools of Screenwriting*, o faz em conexão com a unidade da ação, da qual deduz que, na maioria das vezes, as histórias têm um único protagonista, pois é a busca pelo seu objetivo que cria a unidade da ação. No entanto, reconhece que existem histórias em que esse não é o caso, como em *Rashomon*,[15] em que a unidade advém do tempo.[16] Ele também se refere à *Poética* quando fala de plausibilidade, que relaciona ao erro de solucionar o enredo com um agente externo (recurso conhecido pelos gregos como *Deus ex machina*). Howard reconhece que um bom final é, como diz Aristóteles, aquele que, embora inevitável, é imprevisível. "Esse sentimento de inevitabilidade – uma combinação de personagens movendo-se ao longo de um percurso do qual não há como desviar – é talvez a melhor realização de um roteirista" (Howard e Mabley, 1995: 81).

Em seu livro *How to Build a Great Screenplay*, publicado em 2004, Howard cita Aristóteles apenas no capítulo intitulado "The Classical Screenplay Structure", em que ele alerta o roteirista de que a estrutura clássica não é garantia de uma boa história e não deve ser tomada como uma receita. O objetivo de Howard é mostrar que a produção hollywoodiana de filmes segue Aristóteles e os dramaturgos dos séculos XIX e XX "pelo simples motivo de ter funcionado extremamente bem" (Howard e Mabley, 1995: 319).

Em suma, Howard entrega uma interpretação correta das passagens citadas de Aristóteles, sem tentar investigá-las de forma mais aprofundada.

---

14 Sobre a importância da dramaturgia como fonte para o ensino de roteiro, é interessante ler Stutterheim e Kaiser, 2011.
15 Ver Howard e Mabley, 1995: 58-59.
16 Ver Howard e Mabley, 1995: 244.

Lew Hunter chegou à escola de roteiro da UCLA contratado por William Froug. Em 1993, escreveu *Lew Hunter's Screenwriting 434*. Onze anos depois, a versão revisada deste livro não apresenta mudanças substanciais na maneira como cita a *Poética*.[17] Hunter refere-se à *Poética* e a *The Art of Dramatic Writing*, de Lajos Egri, como "as duas Bíblias para o drama ou a comédia" (Hunter, 2004: 7). O autor adiciona o livro de Egri por focar nos personagens, enquanto Aristóteles prioriza o enredo. Para Hunter, "o personagem e o enredo devem se entrelaçar" (2004: 81) e, portanto, não há problema em afirmar que "Ambos, Aristóteles e Egri, estão certos sobre o enredo e os personagens. As galinhas vêm antes dos ovos e os ovos antes das galinhas" (2004: 47).

Hunter menciona a noção aristotélica de catarse quando fala do efeito que o terceiro ato deve ter sobre o público, e sua interpretação, seguindo S. H. Butcher, é que "a história por trás da história" é o que enche o público de emoção quando chega ao fim. Para Hunter, concluir uma história de forma a causar essa reação é muito difícil. Nesse sentido, o escritor admite que, embora prefira finais infelizes, entende que os escritores de Hollywood muitas vezes devem ceder à pressão da indústria e entregar os finais felizes que agradam ao grande público.

Em 1997, Robert McKee publicou *Story: Substance, Structure, Style and the Principles of Screenwriting*. Segundo J. J. Murphy, autor algum "alcançou mais notoriedade e sucesso no circuito de workshops do que Robert McKee" (2007: 12). Justamente por isso é interessante explicar com detalhes em quais pontos o manual cita a *Poética*. É importante notar que, em 466 páginas, o texto de Aristóteles é citado 14 vezes. As referências aparecem no contexto da origem da arte narrativa, dos gêneros, dos personagens, da duração dos enredos, dos finais, dos inícios, do erro do "*Deus ex machina*" e dos diálogos.

McKee cita Aristóteles pela primeira vez quando reformula a questão feita pelo filósofo em *Ética a Nicômano* sobre como devemos viver. A res-

---

17 O próprio autor conta como aconteceu: "Para se preparar para esta reedição de *Lew Hunter's Screenwriting 434*, reli o livro inteiro pensando em uma atualização um tanto suave – talvez alguns novos pensamentos ou anedotas, ou exemplos. Mais ou menos na metade, minha memória passou por Aristóteles e Egri e por como o programa que desenvolvi em 1979 para a minha turma inicial de Roteiro 434 na UCLA permanece intacto, tendo Aristóteles e Egri como peças centrais. Trazer os alunos de volta para Aristóteles e Egri era o meu verdadeiro trabalho no ensino, porque a narrativa superior não mudou desde a época do povo das cavernas" (Hunter, 2004: 8).

posta, segundo McKee, é atualmente mais encontrada em histórias do que na filosofia, na ciência, na economia, na sociologia e na política.[18] A segunda citação aparece no capítulo sobre gênero em que McKee diz:

> Aristóteles nos deu os primeiros gêneros ao dividir os dramas segundo a carga de valor de seus finais *versus* o design de suas histórias. Uma história, observou, pode terminar com uma carga positiva ou negativa. Então, cada um desses dois modelos pode ser ou um design Simples (chegando ao fim sem reviravoltas ou surpresas, plano) ou um design Complexo (culminando em uma grande reviravolta na vida do protagonista). O resultado são seus quatro gêneros básicos: o Trágico simples, o Cômico simples, o Trágico complexo e o Cômico complexo (McKee, 1999: 79).

No entanto, essa distinção não se encontra na *Poética*. A distinção de gênero proposta por Aristóteles é entre tragédia e comédia, "a segunda tende a representar os homens de uma maneira pior do que a humanidade atual, a primeira, melhor" (Aristóteles, 2008: 1448a apud Halliwell, 1987).

McKee cita Aristóteles três vezes quando fala dos personagens (duas no capítulo "Estrutura e personagem" e uma no capítulo "Personagem"). Quando se pergunta qual é mais importante, a história/enredo ou o personagem, o autor observa que Aristóteles prioriza a história. McKee interpreta esta parte da *Poética* diferenciando caracterização e personagem. Caracterização são as qualidades observáveis de um ser humano (idade, gênero, capacidade intelectual, modo de falar e se comportar, modo de se vestir etc.), enquanto que o "verdadeiro personagem" é o resultado das decisões tomadas pelo indivíduo em momentos de pressão. Segundo ele, Aristóteles falou acerca da prioridade da história no que se refere à caracterização, pois não há sobreposição de elementos em termos de prioridade: "estrutura é personagem, personagem é estrutura" (McKee, 1999: 100), porque "a estrutura da história e o verdadeiro personagem são um fenômeno visto de dois pontos de vista" (p. 109).

A essa altura, é interessante notar que McKee une estrutura e personagem: o que leva a história para a frente são as decisões tomadas por ele. Não há história se não há um personagem que decide fazer algo sob a pressão das

---

18 Ver McKee, 1999: 12.

circunstâncias. "O personagem é as escolhas que faz para realizar as ações que realiza" (p. 377). Essa forma de lidar com a essência dos personagens nos permite ver que McKee os toma como "uma metáfora da natureza humana" (p. 375). Embora insista em que um personagem não é uma pessoa, ao falar sobre como criá-lo, trata-o como tal. E é por isso que fala dos defeitos e virtudes que moldam o personagem em quem ele é.

No capítulo "Act Design", *Poética* é citada mais uma vez em referência ao que McKee chama de macroestrutura da história: os atos. Segundo ele, Aristóteles "deduz que há uma relação entre o tamanho da história – o tempo de leitura ou encenação – e o número de grandes reviravoltas necessárias para contá-la" (McKee, 1999: 217). Quanto maior a história, mais reviravoltas devem existir para que não se entedie a plateia com um espetáculo em que "nada acontece" (p. 215). No entanto, o raciocínio de Aristóteles sobre o tamanho dos enredos não está diretamente relacionado ao seu efeito sobre a plateia em matéria de tédio, como McKee afirma, mas à capacidade da história de representar "uma ação que é séria e completa" (Aristóteles, 2008: 1449b 24-25) em que deve haver pelo menos "uma mudança da má sorte para a boa, ou da boa para a má" McKee, 1999: 357-358).[19]

Como pode ser observado, o posicionamento de Aristóteles tem um sentido mais radical do que evitar o tédio, como postulado por McKee. No texto grego, a passagem de boa sorte para a má envolve uma mudança interior, uma "transformação trágica" (Halliwell, 1987: 100) que não se restringe a meras "reviravoltas" dos personagens.

No capítulo "Exposição", McKee reproduz o ditado *in medias res*, que prescreve que a história deve começar no meio da ação. Como se sabe, essa expressão vem de *Arte poética*, de Horácio, e não aparece na *Poética* de Aristóteles.

Em suma, Robert McKee leva em conta a ideia fundamental da *Poética* ao reconhecer que histórias são, de certa forma, representações da vida humana. Sendo assim, ele capta a essência do livro. No entanto, sua forma de citar a *Poética* revela que sua intenção não é a de estudar o livro de forma aprofundada. Além disso, ao menos em dois lugares, McKee cita Aristóteles incorretamente.

---

19 A tradução de Halliwell é: "uma transformação ou da aflição para a prosperidade, ou o contrário".

Linda J. Cowgill publicou três livros sobre roteiro: *Secrets of Screenplay Structure: How to Recognize and Emulate the Structural Frameworks of Great Films* (1999); *Writing Short Films: Structure and Content for Screenwriters* (2005); e *The Art of Plotting: How to Add Emotion, Excitement, and Depth to Your Writing* (2007). Cowgill cita a *Poética* nove vezes no primeiro livro e faz uma única referência no terceiro.

Três referências em *Secrets of Screenplay Structure* estão relacionadas ao termo "magnitude". Após citar a definição de tragédia na *Poética*, Cowgill argumenta que Aristóteles dá ao termo "magnitude" o sentido de "importância ou relevância". Ela acrescenta que "hoje, podemos entender isso como um 'tema'" (1999: 1).[20] Mais adiante, faz outra referência à magnitude como um "tema", quando diz que não basta que a ação avance como uma flecha entre o início e o fim, deve haver reviravoltas e surpresas que advêm da relação dos personagens e frequentemente dos subenredos.

No entanto, Cowgill não é precisa neste ponto, pois não leva em conta que "magnitude" para Aristóteles é a extensão temporária, quando o filósofo diz que "a tragédia se estende tanto quanto possível para se limitar a um único dia".

Cowgill também cita Aristóteles quando fala do "completo, todo" (Aristóteles, 2008: 1450b 25) e explica que este é "o início da própria estrutura" (Cowgill, 1999: 1). Quando o filósofo grego aponta a necessidade da tragédia de ter três partes – início, meio e fim –, diz Cowgill, ele está destacando "a relação de causalidade entre as partes do todo" (p. 2). Com isso, ela destaca corretamente o princípio de causalidade que rege a dramaturgia. Como exposto por A. López Eire, "uma tragédia não é apenas uma série de episódios que se sucedem, porque a fórmula *post hoc, ergo propter hoc* não é verdadeira, mas é necessário destacar a ligação causal entre o episódio subsequente em relação ao anterior" (2002: 119).

No capítulo "The Three-Part Nature of Screenplay Structure", Cowgill cita Aristóteles para explicar o que são viradas e reconhecimentos. A virada é "uma mudança das ações para o seu oposto". "Geralmente," acrescenta, "quando algo bom fica ruim ou algo ruim muda para bom" (Cowgill, 1999:

---

20 Aristóteles, 2008: 1449b 24-28: "A tragédia, então, é a representação de uma ação séria, completa, e de certa magnitude – em uma linguagem que se adorna de várias formas em suas diferentes partes – no modo de encenação dramática, não narrativa – e através do despertar da pena e do medo efetuando a catarse de tais emoções" (Tradução de Halliwell).

14-15). "Reconhecimento significa algo revelado ou exposto, em especial uma revelação marcante de algo previamente desconhecido ou despercebido" (p. 16). As viradas e os reconhecimentos são duas ferramentas para construir o enredo, afirma Cowgill, corretamente. Devemos acrescentar que Aristóteles compreende o reconhecimento como uma transição da "ignorância para o conhecimento".

Como no livro de McKee, Cowgill cita a *Poética* de forma precisa para explicar os mecanismos habituais de criação de narrativas. No entanto, ela não parece interessada em se aprofundar na visão do filósofo sobre a práxis ou ação humana, o objeto da mímesis poética.

Robin U. Russin e William M. Downs escreveram a primeira versão de *Screenplay: Writing the Picture* em 2000. Quando explicam por que precisamos contar histórias, os autores referem-se à catarse aristotélica, constatando que "talvez precisemos ser purificados do caos sem rumo de nossas vidas". Dessa forma, estão no mesmo grupo de autores como S. Halliwell e M. Nussbaum, que compreendem que o efeito catártico discutido na *Poética* tem uma finalidade cognitiva e não apenas aprazível.[21]

Russin e Downs explicam a origem dos gêneros dizendo que derivam das emoções produzidas no público pelos filmes. Os gêneros são a classificação desse efeito no espectador, que é o que Aristóteles chama de *catarse*. Assim, os autores propõem cinco grupos principais de histórias: as de coragem, as de medo e aversão, as de curiosidade, as de risada, e, por último, as histórias de amor e desejo.

Russin e Downs citam a *Poética* para se referir a outros três temas (personagens, estrutura e causalidade) como um pressuposto para a construção do enredo. Em relação aos personagens, a visão deles é de que não há sentido em perguntar o que precede, a ação ou os personagens, já que entendem, assim como Aristóteles, que as histórias são uma "imitação da ação humana" e ao mesmo tempo "personagens em ação". "Você deve conhecer seus personagens à medida que trama suas ações, a fim de saber como agiriam naturalmente em qualquer circunstância. E, ao mesmo tempo, deve saber sobre o que quer que sua história seja, porque ela dá as circunstâncias que motivam as ações dos seus personagens" (Russin e Downs, 2003: 58).

---

21 Um resumo desses dois posicionamentos pode ser encontrado em García-Noblejas, 2003: 265-292.

No entanto, deve-se notar que o roteirista normalmente não sabe do que se trata sua história, e, portanto, não é possível fazer o que Russin e Downs sugerem ao mesmo tempo. A solução é entender que, na "primeira escrita", o roteirista segue os personagens e a ação depende deles; enquanto no processo de reescrita, o roteirista, já sabendo o teor da história, porque conhece seu final, pode rever as ações dos personagens de forma a garantir que eles respondam a um único princípio de vida.[22]

No capítulo "Historical Approaches to Structure", Russin e Downs fazem uma apresentação precisa e concisa dos capítulos 6 e 9 da *Poética*, que abordam a definição de tragédia e suas partes, e da exigência de causalidade.

O posicionamento de Russin e Downs com relação ao conteúdo da *Poética* é considerá-la como pano de fundo válido para analisar histórias já terminadas e como orientação geral para escritores no momento da escrita, mas não como um catálogo passo a passo do que deve ser necessariamente seguido. Ou seja, os autores acertadamente diferenciam uma leitura crítica da *Poética* de uma leitura artística.

D. B. Gilles, em *The Screenwriter Within: New Strategies to Finish Your Screenplay and Get a Deal*, publicado em 2011 (segunda edição), cita breve e corretamente o texto aristotélico. O autor recomenda a leitura de Aristóteles porque "as ideias e teorias que ele colocou na *Poética* sobre a narrativa são mais atuais do que nunca" (Gilles, 2011: 35).

Em 2012, Joseph McBride publicou seu primeiro livro sobre roteiro. O historiador e biógrafo de cineastas famosos como John Ford e Frank Capra cita a *Poética* como "o primeiro livro de instruções sobre roteiro" (McBride, 2012: 41). McBride argumenta que "a estrutura de três atos de Aristóteles" aparece até mesmo nas histórias mais sofisticadas e pós-modernas e também em comerciais, porque é a única maneira de "manter a atenção do público através dos personagens". Como já mencionado, atribuir a divisão em três atos a Aristóteles carece de exatidão. No entanto, McBride tem razão quando argumenta que a estrutura fornece unidade à história: "Até o curta-metragem mais poético precisa de uma estrutura para evitar que se perca em todas as direções" (2012: 148).

---

[22] Ver Brenes, 2012.

A "rigidez" da *Poética*

Esta seção reúne autores que citam a *Poética* como uma obra de referência para trabalhar elementos do roteiro. Ao se referirem a questões técnicas e ao interpretarem a *Poética* como apenas um manual de dicas de escrita, esses autores, em alguns casos, acabam por rejeitar as propostas de Aristóteles por considerá-las rígidas e, em outros, porque diminuem o alcance do texto.

Linda Seger é a autora do clássico manual *Making a Good Script Great*, publicado pela primeira vez em 1989 e republicado em uma terceira edição revisada em 2010. Seu livro costuma ser citado em meio à discussão da influência de Aristóteles sobre os manuais de roteiro, o que é um erro, pois Seger menciona a *Poética* uma única vez, ao falar da cena, e o faz para contradizer o filósofo. "Aristóteles disse que a tragédia deve gerar piedade e medo. E muitas das melhores cenas de filmes podem despertar essas emoções. Mas também trarão à tona outros sentimentos – como compaixão, alegria, raiva, frustração, entusiasmo, decepção e tristeza" (Seger, 2010: cap. 6).[23]

Em 1993, Ronald B. Tobias publicou *20 Master Plots and How to Build Them*, um livro sobre enredos em que cita Aristóteles como o "avô da teoria dramática" (Tobias, 2012: 17). O autor refere-se à *Poética* para explicar a diferença entre a vida e o enredo. A vida humana é repleta de acidentes, coincidências e acasos, já o enredo é uma ação com unidade, marcada pela relação de causa e efeito, que "cria um todo constituído por início, meio e fim" (p. 17). Relativamente ao início ou à estrutura, Tobias cita Aristóteles quando diz que "um personagem quer felicidade ou sofrimento" (p. 18), e a partir disso passa a falar sobre a vontade do personagem que dá origem ao início do enredo. "Essa vontade (ou necessidade) é chamada de intenção" (p. 18). Ao citar o meio como uma das partes da história, Tobias sustenta a afirmação de Aristóteles de que é aí que acontecem as viradas e os reconhecimentos, dos quais deriva uma mudança no personagem.

O autor refere-se também à *Poética* ao falar sobre a relação entre o personagem e a ação e observa que, embora Aristóteles tenha falado da superioridade do enredo, "hoje não concordamos que deva ser assim". No entanto, reconhece que "entendemos quem uma pessoa é com base no que ela faz". Tobias afirma que no "enredo de busca", a ação não define o personagem,

---
[23] A autora também não cita Aristóteles em Seger, 2011.

como afirma Aristóteles, mas ela é o que importa. O autor tampouco concorda com o filósofo quando diz que os extremos devem ser evitados. No "enredo do excesso infeliz", o que fascina o público é ver "pessoas que extrapolam os limites do comportamento admissível, seja por escolha ou por acidente" (Tobias, 2012: 18).

Como se pode ver, Tobias tem em mente as propostas aristotélicas, embora se distancie delas em alguns momentos. No entanto, ele não parece compreender o texto aristotélico de forma correta quando diz que os personagens desejam felicidade ou infelicidade. Na verdade, o que Aristóteles diz é que as histórias são "representações" (mímesis) da ação e da vida e, portanto, da felicidade e da infelicidade.[24] Tobias parece também não compreender que, quando o filósofo fala de *mythos* na *Poética*, refere-se tanto à cadeia de acontecimentos (enredo) quanto ao objeto da representação poética, ou seja, à ação humana.

Também em 1993, William Froug escreveu *Screenwriting Tricks of the Trade*. Três anos depois, publicou *Zen and the Art of Screenwriting: Insights and Interviews*,[25] em que resume sua experiência como professor na UCLA e suas conversas com roteiristas como Frank Darabont, Robert Goldman, Callie Khouri e Eric Roth. Nesta obra, Froug cita Aristóteles apenas uma vez em relação aos enredos episódicos, descritos na *Poética* como aqueles em que não há possibilidade ou necessidade e, portanto, são os "piores". O autor contradiz esse princípio e argumenta que existem grandes filmes episódicos, como *Cortina de fumaça* e *Forrest Gump - O contador de histórias*, em que os acontecimentos estão ancorados à unidade do espaço, ou como *Conduzindo Miss Daisy* e *Patton - Rebelde ou herói?*, em que o princípio da unidade se deriva da determinação do protagonista para fazer algo.[26]

O último autor da década de 1990 é Denny Martin Flinn, com *How Not to Write a Screenplay* publicado em 1999. Flinn cita Aristóteles apenas uma vez ao falar da estrutura das histórias e ao recomendar o uso de qualquer proposta estrutural para organizá-las. Nesta epígrafe, o autor coloca a *Poética* no mesmo nível de Syd Field, Robert McKee, John Truby, Linda Seger e Joseph Campbell.[27]

---

24 Ver Aristóteles, 2008: 1450 16-17.
25 Posteriormente, Froug escreveu dois outros livros sobre roteiro: Froug, 2000, 2005.
26 Ver Froug, 1996: 133-138.
27 Ver Flinn, 1999: 153-154.

Lance Lee escreveu dois livros direcionados a roteiristas, *A Poetics for Screenwriters* (2001) e *The Understructure of Writing for Film and Television* (1998), escrito conjuntamente com Ben Brady. Em sua obra mais recente, visa a oferecer aos roteiristas uma poética moderna com raízes no drama clássico: "Grandes roteiristas pertencem à mesma companhia que grandes dramaturgos: o roteiro é apenas nossa própria variante atual da dramaturgia" (Lee, 2001: 1).

Lee se vale de um esquema clássico e divide seu livro em: os elementos primários do enredo, a identificação dramática por meio de emoções, os tipos de enredo, os personagens, o tema, o espetáculo e, finalmente, dedica algumas páginas ao processo de produção.

Grande parte do livro de Lee, que não é exclusivamente um manual de roteiro, mas uma reflexão sobre poética, compara as propostas de Aristóteles com as de outros autores, incluindo pensadores como Hume, Kant, Freud e Jung. O interessante sobre o livro é que ele mostra que as partes em que os manuais costumam ser divididos originaram-se no drama clássico (não necessariamente em Aristóteles) e apresenta evidências o suficiente sobre como alguns desses princípios operam.

No entanto, a forma com que Lee cita a *Poética* revela que seu objetivo não é fazer uma análise aprofundada da obra do filósofo grego, mas usá-la como contraponto a *O nascimento da tragédia* de F. Nietzsche.

Screenwriting: The Sequence Approach, de Paul Joseph Gulino, foi publicado pela primeira vez em 2004. A referência à *Poética* surge quando o autor fala sobre o "início, meio e fim" como características de "toda a ação" que constitui a tragédia. Gulino, apropriando-se do paradigma das oito sequências de Frank Daniel (1924–1996), argumenta que uma forma de estruturar os três atos é dividir a ação em oito segmentos de aproximadamente 15 minutos cada. O primeiro ato consiste em duas sequências, o segundo em quatro, e o terceiro em duas.

Gulino aprofunda-se na noção aristotélica de "ação total" e observa que esse recurso faz com que o filme pareça "um único filme e não, digamos, oito cenas separadas, ou 120 minutos individuais de uma experiência cinematográfica" (Gulino, 2010: 11). A unidade da ação vem da tensão dramática, que por sua vez acompanha a questão dramática: pode o protagonista alcançar ou fugir do que deseja? "A tensão principal é o que faz com que um filme se pareça com um filme; é o que o unifica; o que o eleva acima da soma de suas partes (fornecendo, em termos aristotélicos, 'unidade orgânica'); é o que usamos quando descrevemos aquilo de que o filme trata" (Gulino, 2010: 11). Até então, a interpretação de Gulino está correta. Falta-lhe profundidade quando afirma que o filme se "trata" apenas do enredo dramático, quando na verdade, na doutrina aristotélica, o conceito de *mythos* (comumente traduzido como enredo), também significa *mimesis praxeos*, ou seja, uma representação rápida e essencial (*kathòlou*) da ação humana.[28]

No entanto, o livro de Gulino faz uma análise interessante de onze filmes de gêneros distintos à luz de oito sequências básicas, fornecendo ao escritor uma ferramenta útil para reestruturar histórias e ao espectador uma forma de analisá-las.

Howard Suber publicou dois livros, *The Power of Film* em 2006, e *Letters to Young Filmmakers* em 2012. O autor não cita Aristóteles em seu livro mais recente, mas sim no primeiro, que é um longo glossário compilado a partir de suas anotações de aula no Programa de Produtores de Cinema e Televisão na UCLA, onde foi membro do corpo docente por quase 50 anos. O livro não se propõe a estudar a *Poética* de Aristóteles, mas apresenta algumas observações interessantes. Por exemplo, Suber precisamente observa que muito do que foi dito sobre a *Poética* em manuais de roteiro não consta no texto original, como a divisão em atos e a unidade de tempo, lugar e ação, por exemplo. "A questão aqui não é criticar Aristóteles, mas sim seus intérpretes" (Suber, 2006: cap. "Aristolatry").

Em 2007, em seu livro *Screenwriting for Dummies*, Laura Schellhardt se vale da *Poética* para abordar quatro tópicos: os elementos da história, os finais, a estrutura de três atos e a reescrita. Quando ela fala sobre os elementos da história, cita e interpreta as seis partes da tragédia. A autora descreve o enredo como "uma série de ações, e uma ação pode ser definida como um evento que faz com que outra coisa aconteça" (Schellhardt, 2008: 71). Dessa forma, ela distingue uma ação de um evento, que seria um ato do qual nada se deriva. O segundo elemento de uma história é o personagem. "Um personagem é qualquer pessoa ou presença em seu roteiro que realiza uma ação ou que faz com que outro personagem o faça" (2008: 71). Com essa definição, Schellhardt salienta que o personagem não é necessariamente um

---

28 Ver Aristóteles, 2008: 1451b 6-7.

ser humano: pode ser um cachorro ou um fantasma, desde que faça com que os outros ajam. O terceiro elemento é o pensamento. A autora interpreta o pensamento como a ideia que está dentro do autor e que ele tenta transmitir ao espectador, ou seja, o tema. O quarto elemento é a dicção. Para Schellhardt, a dicção diz respeito aos tipos de palavras escolhidas pelo autor para contar a ação. O quinto elemento é a música, podendo ser a trilha sonora que acompanha as ações, ou a música que parte da ação sendo executada. Schellhardt considera como música o silêncio e o som das próprias palavras. O último elemento é o espetáculo, entendido pela autora como o momento que impressiona o público.

É possível que essa forma de apresentar as seis partes da tragédia seja útil para o roteirista. No entanto, nem tudo o que Schellhardt diz aparece na *Poética*. A autora cita incorretamente a obra ao reduzir *mythos* ao enredo ou às ações entrelaçadas, sem considerar a presença de outros significados,[29] entre eles, o de ser uma representação da ação.[30] Ou ao interpretar o pensamento como tema da história, quando, como dito por Halliwell, Aristóteles refere-se à "retórica usada pelos personagens para se explicar, defender ou justificar, ou para expor suas atitudes um para com o outro" (Halliwell, 1987: 96). Ou seja, é algo mais parecido com os diálogos em um roteiro do que com os "pontos de vista que você possa querer transmitir ao público" (Schellhardt, 2008: 71). Além disso, a interpretação de Schellhardt sobre dicção difere do seu significado na *Poética*, em que Aristóteles refere-se a ela como elocução, como um meio pelo qual a imitação é, em geral, feita,[31] e não só como a maneira de falar dos personagens.

Por fim, quando Schellhardt fala sobre a reescrita, ela aconselha os escritores a tomarem os seis elementos da tragédia, da forma que os entende, como um guia para reescrever o roteiro. Dessa forma, *Poética* é, para a autora, uma ferramenta para a escrita. O mesmo vale para o livro *The Soul of Screenwriting: On Writing, Dramatic Truth and Knowing Yourself*, escrito por Keith Cunningham. A obra é voltada para os escritores e, partindo da psicologia analítica de Carl G. Jung e da mitologia de Joseph Campbell, o autor propõe o paradigma dos 16 passos: elaboração, catalisador, movimento para a fren-

---

29 Ver Downing, 1984: 164-178.
30 Ver García-Noblejas, 2003: 272.
31 Ver Halliwell, 1987: 266, nota 113.

te, crise limiar, feridas, mudança para a rede emocional, lembrete de que os riscos do enredo externo estão aumentando, movimento para a frente no relacionamento, crise central, aprofundamento, polarização dos opostos, ponto de ruptura, catástrofe, calmaria antes da tempestade, clímax e resolução.

Richard Krevolin escreveu quatro livros sobre roteiro. O mais recente, publicado em 2011, é *Screenwriting in the Land of Oz: The Wizard on Writing, Living, and Making It In Hollywood*. Voltado para roteiristas, o livro cita Aristóteles ao referir-se à estrutura e identifica o início, meio e fim mencionados na *Poética* com os três atos. No livro de Krevolin, não fica muito claro quais frases são citações diretas da *Poética* e quais são suas próprias reinterpretações.

Em diálogo com *Poética*

A quarta edição do livro *Alternative Scriptwriting: Successfully Breaking the Rules*, escrito por Ken Dancyger e Jeff Rush, publicado em 2007, aprofunda os tópicos das três primeiras edições (1991, 1995 e 2002) nos capítulos sobre a estrutura em três atos e sobre os gêneros. Ao revisitar os três atos, os autores atribuem a origem dessa estrutura à *Poética* ao apontar que "todos os dramas apresentam início, meio e fim, e que essas partes estão em alguma proporção entre si" (Dancyger e Rush, 2007: 17). Dancyger e Rush sugerem que essa estrutura "implica amplas perspectivas sobre questões de livre-arbítrio, da relação do personagem com a sociedade, da nossa capacidade de mudarmos a nós mesmos e da transparência da motivação" (p. 30). De alguma maneira, eles consideram que a forma dramática utilizada pelo autor está relacionada a uma maneira específica de compreender a vida humana. A escolha da estrutura em três atos não é neutra, pois revela o desejo do autor de transmitir uma sensação de ordem e estabilidade. "Mas para criar um sentimento diferente, para encontrar uma forma de responder à arbitrariedade e à indiferença do mundo contemporâneo, precisamos olhar para outro lugar" (Dancyger e Rush, 2007: 37). É por isso que Dancyger e Rush também exploram formas de ir além da estrutura de três atos.

Há também no livro mais uma citação a Aristóteles ao falar do narrador, aplicando duas categorias da *Poética* às histórias: "O poeta que imita a todos torna-se apagado e é um ator invisível que reproduz, sem comentários, acontecimentos ocorridos. Ao ser ele mesmo e escolher não mudar, o poeta está presente como um contador de histórias que se interpõe entre nós e os acontecimentos e os interpreta conscientemente" (Dancyger e Rush, 2007: 36). Os autores argumentam, corretamente, que na maioria dos filmes não há um narrador, mas isso não significa que ele não exista. "O narrador está subentendido, em grande parte, por meio da estrutura dramática" (p. 36). A estrutura regula o interesse do espectador e dá sentido aos eventos que surgem diante seus olhos.

Em seu livro *Movies that Move Us* (2011), Craig Batty revisita as propostas de Joseph Campbell e Christopher Vogler para sugerir que os protagonistas das histórias passam por uma jornada física, que é a manifestação da jornada emocional. "Estou sugerindo que dentro do roteiro, tanto uma jornada física quanto emocional são percorridas pelo protagonista" (Batty, 2011: 42).

Batty descreve a *Poética* de Aristóteles como "um guia simples sobre *como fazer*" (Batty, 2011: 20), sugerindo que a obra "contém principalmente regras, práticas e sugestões de como o drama *deve* funcionar, e sobre o roteiro, em específico, apresenta pouca variação no estilo e na abordagem dos textos que o referenciam em primeiro lugar" (p. 20). O autor faz uma análise da definição de tragédia proposta na *Poética*, que entende a ação como uma ação física.

Nessa perspectiva, Batty aponta que Aristóteles está errado, pois o mais importante em uma história, segundo ele, são os personagens e suas emoções. O que o autor desconsidera é que as emoções podem ser entendidas como expressões ou manifestações da ação inerente representada na configuração da trama.

O livro de Zachariah Rush, *Beyond the Screenplay: A Dialectical Approach to Dramaturgy* (2012), cita a *Poética* em diversas ocasiões para se distanciar do que chama de "o dogma aristotélico" (Rush, 2012: 4). Rush critica a prioridade dada por Aristóteles à ação sobre os personagens, pois entende que a ação abordada pelo filósofo refere-se à ação externa ("espetáculo pirotécnico" [p. 12]). O autor também critica o posicionamento da *Poética* ao distinguir entre o universal e o particular, e aponta que Aristóteles estava errado ao dizer que o universal é inerente à ficção. Se fosse, deveria se ter como certo que "todas as bolas são vermelhas" ou que "todos os livros valem a pena ser lidos" (Rush, 2012: 35).

O terceiro ponto que Rush critica na *Poética* é o que se refere à mimese, entendida como uma cópia e não como imitação. Dessa forma, "teríamos que suportar Hamlet tomando café da manhã ou estudando na universidade em Wittenberg" (2012: 80).

Rush parece não se dar conta de que, quando Aristóteles fala de *mimesis praxeos*, está se referindo à representação da ação inerente, ou seja, uma forma de ação cuja finalidade não está fora do sujeito atuante, como uma casa em relação ao seu construtor, mas encontra-se no próprio sujeito, o que o faz "progredir em direção a si mesmo" (García-Noblejas, 2006: 225), como o hábito de tocar cítara para o próprio músico, ou do saber relativo ao conhecedor, que, por saber, se conhece e continua a conhecer. "É significativo que entre eles [ações inerentes] Aristóteles deveria incluir uma vida realizada, a felicidade" (Inciarte e Llano, 2007: 56).[32]

Rush também não entendeu que, quando Aristóteles fala sobre o universal e o particular, refere-se à distinção entre ficção e história, em que o universal, característico da ficção, é relativo àquilo "que pode acontecer a todos", enquanto o particular, característico da história, é "o que aconteceu a alguém" (Aristóteles, 2008: 1451b 5-7).

Pode-se dizer o mesmo sobre a interpretação de Rush da mimese. Como salientado por García-Noblejas e Halliwell, ao falar de mimese, Aristóteles não está afirmando que a obra artística é uma cópia do original. "O que [as obras miméticas] representam não são, exceto em eventuais casos, informações reais" (Halliwell, 2002: 199), mas "ao menos para a poesia, até mesmo tais informações – dados históricos – devem ser transformadas pelo poeta em material de estruturas de enredo unificadas (e, no processo, ficcionalizadas)". Isso significa que a "mimese da ação e da vida" (Aristóteles, 2008: 1450a 16-17) em que consiste a obra artística, está na configuração do enredo, ou seja, representa ou mimetiza ("age como", afirma García-Noblejas) a vida humana "em seu significado sério ou forte" (García-Noblejas,

---

32 Ver Aristóteles, 2002: capítulos 1-3 [online], disponível em: <http://www.unirio.br/cch/filosofia/Members/ecio.pisetta/Aristoteles%20-%20Metafisica.Reale.Bilingue..pdf/view >. Acesso em 12 nov. 2020.

1996: 229). Como pode ser visto, isso é bem diferente da concepção de cópia criticada por Rush.

Investigando a *Poética* em profundidade

Em 2002, Michael Tierno publicou *Aristotle's Poetics For Screenwriters*, livro em que cita com propriedade e tece comentários bem informados sobre frases da *Poética* a partir do ponto de vista de um analista de roteiros. Tierno concentra toda a sua apresentação em torno da centralidade da ação e mostra que, ao falar da sua prioridade sobre os personagens, Aristóteles está se referindo à ação que "revela uma verdade sobre a condição humana" (Tierno, 2002: 11). O autor também deixa claro que *Poética* não aborda a estrutura de três atos, mas que Aristóteles faz a distinção entre dois movimentos: complicação e *desfecho*. Além disso, aponta o significado da palavra imitação (mímesis), que não é uma "cópia de algo", mas relaciona-se com a forma pela qual o enredo é construído, o que faz com que o espectador "responda equitativamente" ao que lhe é apresentado. Tierno também explica o que Aristóteles quis dizer com necessidade e possibilidade: "Casos de *necessidade* sempre acontecem após uma determinada causa de ação e impulsionam a história" (Tierno, 2002: 21), enquanto casos prováveis são apenas possíveis. Necessidade e possibilidade dão unidade à história. Ao falar sobre a relação entre as partes e o todo, Tierno diz que Aristóteles postula que o todo está em cada uma das partes.[33]

O livro também trata dos comentários de Aristóteles sobre enredos e subenredos (é preferível uma história com enredo único); sobre o enredo como a alma; sobre o fim como ponto de chegada para toda a história; sobre os quatro tipos de enredo (complexo, tragédia do sofrimento, tragédia do personagem e espetáculo); sobre a diferença entre tragédia e épico (como a tragédia, o épico também deve ter a unidade dramática de um ser vivo); sobre a falha trágica do herói e a reação do espectador na catarse (o espectador sente pena do infortúnio do herói e também teme a possibilidade de que o mesmo possa acontecer com ele); e sobre a importância da inclusão de questões morais na vida do herói ("o público quer ver o certo e o errado

---

33 Ver Tierno, 2002: 35.

serem abordados, porque todos sentem que essa abordagem chega ao cerne do que é ser humano") (Tierno, 2002: 73).

Nem todos os exemplos de Tierno respondem de forma exata ao que Aristóteles propôs. Como no caso do papel do coro na tragédia grega ou da espécie de realização que o espectador sente diante de uma obra poética. Ainda assim, o livro é bem-sucedido ao apresentar algumas das passagens mais obscuras da *Poética* de forma amigável ao leitor e, por esse aspecto, vale ser lido. Além disso, é uma das poucas obras que consideram *Poética* direcionada não apenas aos criadores de histórias, mas também aos espectadores e, nesse sentido, ajuda a proporcionar uma visão geral do sentido de vida que uma história pode dar ao seu leitor ou espectador.

Em *Creative Screenwriting: Understanding Emotional Structure* (2010), Christina Kallas apresenta mais de 60 exercícios concebidos para incentivar a criatividade. Desse ponto de vista, este é um livro muito prático. No entanto, Kallas, professora de roteiro na Universidade Aristóteles de Salonica, também se preocupa com o estudo da recepção da *Poética* nos manuais de roteiro. Dentre outros tópicos, ela observa que se deve ter em mente que "a *Poética* de Aristóteles não é apenas uma obra essencial sobre a natureza e o desenvolvimento da criação artística, mas é também uma resposta boa, científica e agressiva às visões de Platão sobre arte" (Kallas, 2010: 25). Platão opõe o mito, a fábula à razão, ao logos[34] e entende que o drama tem uma grande força, considerada por ele como "perigosa e nociva, sobretudo se cair nas mãos erradas" (Kallas, 2010: 28). Oposto a Platão, Aristóteles considera o drama como um fator positivo que, além de entreter, "faz sentido no contexto do todo, cria significado e enriquece a experiência e o conhecimento" (Kallas, 2010: 32).

Kallas acrescenta um comentário interessante ao conceito de unidade proposto por *Poética*. Segundo a autora, a unidade abordada por Aristóteles está relacionada a um "evento central" (p. 31) ou "centro emocional" (p. 19), que é "o coração e a alma do roteiro" (p. 19). A partir desse ponto, desenvolve a "teoria da estrutura emocional", que "está codificada na estrutura profunda do texto dramático" (p. 28), na qual sustenta que "as emoções são a chave do tema, ou melhor, o tema emocional e a estrutura de um roteiro" (p. 111). O

---

[34] Ver Kallas, 2010: 28-29.

texto de Kallas é o que mais se aproxima da "segunda navegação" na *Poética* proposta neste capítulo.

O livro *Screenwriter's Compass: Character as True North* escrito por Guy Gallo também aborda a relação entre *Poética* e roteiro de uma perspectiva global. O livro analisa algumas das frases da *Poética* e as situa no contexto do escritor, e não do crítico ou do analista de histórias. Apesar de algumas imprecisões, Gallo (2012) consegue traduzir a relação entre enredo e personagem corretamente, e explica que, quando Aristóteles fala sobre o que foi traduzido como enredo, usa a palavra grega *mythos*. "Mas essa palavra não significa apenas enredo. É bem mais ampla. Em outros escritos de Aristóteles, e em outras passagens da *Poética*, essa palavra pode significar história. Pode significar fábula. Pode ser o esboço geral do conteúdo da história do drama" (Gallo, 2012: "Upsetting Aristotle").

Usando a terminologia russa, Gallo contrasta a fábula ou *ur-story* com o enredo ou *sjuzet*. A fábula é o que existe antes da construção do enredo. O construto é o resultado dessa construção. "Uma fábula flutua acima da linguagem, acima de qualquer narrativa específica, e reside na cultura, na imaginação" (Gallo, 2012: "Fable and Construct"). "O construto adapta-se à nossa necessidade para descrever a história contada, a história contável, após a composição, pois implica um autor autoritário singular" (idem). Essa distinção nos permite entender que não há dissociação entre personagens e enredo, porque o enredo é construído com personagens que agem.

Gallo também observa que a ação abordada por Aristóteles tem dois significados: "coisas que acontecem", e "o resultado das decisões que tomamos". A ação que nos interessa no momento da escrita de histórias não é tanto "o que acontece", mas o que o personagem decide fazer com o que acontece. Por isso, podemos dizer que o "drama é escolha" e que o "personagem completa o enredo", segundo Gallo (2012: "Upsetting Aristotle").

Essa distinção permite a Gallo sugerir uma maneira de dar consistência aos enredos: perguntando sobre o "porquê" da ação de um personagem, e "quais são as suas consequências". Essas questões obrigam o escritor a transformar eventos em ações com um início, meio e fim, ou seja, com motivo, ação e consequência.

Talvez haja uma confusão de planos na identificação do conceito de práxis com a história. Aqui, deve ficar claro que, quando Aristóteles fala de práxis, o filósofo se refere ao objeto da representação da história, ou seja, à "ação, à vida, à felicidade, à infelicidade" que a história representa, de modo que a "ação representada", o *mythos*, está presente na história assim como a seiva está presente na árvore, ou seja, como um princípio de vida e, portanto, como provedora de unidade para todas as partes.

Conclusão: revisitando a *Poética*

Como dissemos no início deste texto, a análise dos manuais de roteiro mostram que, na maioria das vezes, a *Poética* de Aristóteles tem sido utilizada como um texto de referência técnica no ensino de roteiro. Daí surge a crítica de que se trata de um texto "rígido" que deve ser substituído. Ao mesmo tempo, quando o texto do filósofo é estudado e citado nesse contexto, vimos que, bem como fornecer orientações técnicas sobre *como* construir um bom drama, a *Poética* também lança luz sobre *o que* são os dramas e quais *significados* eles têm ou podem ter tanto para o autor quanto para o público.

Esses aspectos nos convidam a revisitar a *Poética* considerando a contribuição que ela envolve não só para o processo criativo, que é o que os manuais costumam fazer, mas também para a recepção e a valorização da obra concluída. Em outras palavras, este capítulo busca propor uma nova leitura do texto aristotélico – mais humanista do que técnica –, que encontra em seu cerne a ideia de que escrever roteiros não é apenas uma questão técnica, mas, como se observa na *Poética*, uma atividade que ao "recriar a vida humana"[35] envolve quem escreve as histórias e quem as vê no âmbito pessoal.[36]

Esta segunda leitura ou "navegação" da *Poética*, centrada no *mythos* poético como pressuposto que dá vida aos personagens e dá conta da unidade de todas as partes da obra, exige um desenvolvimento que extrapola os limites deste capítulo, e será assunto de um estudo futuro.

Referências

ARISTÓTELES. *Metafísica*. São Paulo: Loyola, 2002.
_____. *Poética*. 3.ed. Rio de Janeiro: Fundação Calouste Gulbenkian, 2008.

---

[35] Ver Rodman, 2006: 88.
[36] Ver García-Noblejas, 1982: 472.

BABOULENE, David. *The Story Book: A Writers' Guide to Story Development, Principles, Problem Resolution and Marketing.* DreamEngine Media, 2010. [Kindle DX ebook]: Amazon.com

BAEHR, Ted. *How to Succeed in Hollywood: A Field Guide for Christian Screenwriters, Actors, Producers, Directors, and More.* Washington: WND Books, 2011.

BATTY, Craig. *Movies That Move Us: Screenwriting and the Power of the Protagonist's Journey.* Hampshire, Nova York: Palgrave Macmillan, 2011.

BEKER, Marilyn. *Screenwriting with a Conscience: Ethics for Screenwriters.* Nova Jersey/Londres: LEA, Mahwah, 2007.

BOON, Kevin Alexander. *Script Culture and the American Screenplay: Contemporary Approaches to Film and Television Series.* Detroit: Wayne State University Press, 2008.

BRADY, Ben e LEE, Lance. *The Understructure of Writing for Film and Television.* Austin: University of Texas Press, 1988.

BRENES, Carmen Sofía. Good and Bad Characters: A Poetic Difference. *Revista de Comunicación*, v. 11, p. 7-23, 2012.

_____. The Practical Value of Theory: Teaching Aristotle's Poetics to Screenwriters. *Communication and Society*, v. XXIV, nº 1, p. 101-118, 2011.

BUTCHER, Samuel Henry. *The Poetics (Aristotle).* 1902. Disponível em: http://denisdutton.com/aristotle_poetics.htm . Acesso em 10 jun. 2013.

CALVISI, Daniel. *Story Maps: How to Write a GREAT Screenplay.* Redondo Beach CA.: Act Four Screenplays, 2012.

CLARK, Josh. *The Bare Bones Book of Screenwriting.* Newport Beach, CA.: WBC, 2007.

COWGILL, Linda J. *The Art of Plotting: How to Add Emotion, Excitement, and Depth to Your Writing.* Nova York: Back Stage Books, 2008.

_____. *Writing Short Films: Structure and Content for Screenwriters.* Los Angeles: Lone Eagle, 2005.

_____. *Secrets of Screenplay Structure: How to Recognize and Emulate the Structural Frameworks of Great Films.* Los Angeles: Lone Eagle, 1999.

CUNNINGHAM, Keith. *The Soul of Screenwriting: On Writing, Dramatic Truth, and Knowing Yourself.* Nova York: Continuum, 2008.

DANCYGER, Ken e RUSH, Jeff. *Alternative Scriptwriting: Successfully Breaking the Rules.* 4.ed. Amsterdam, Boston: Focal Press, 2007.

DAVIS, Robert e DE LOS RIOS, Riccardo. From Hollywood to Tokyo: Resolving a Tension in Contemporary Narrative Cinema. *Film Criticism*, v. 31, nº 1/2, p. 157-172, 2006.

DIMAGGIO, Madeline. *The Only Writing Series You'll Ever Need Screenwriting: Insider Tips and Techniques to Write for the Silver Screen*. Massachusetts: Adams Media, Avon, 2007.

DONINI, Pier Luigi. *La tragedia e la vita: Saggi sulla Poetica di Aristotele*. Alessandria: Edizioni dell'Orso, 2004.

DOWNING, Eric. Οον Ψυχή: An Essay on Aristotle's "Muthos". *Classical Antiquity*, v. 3, fasc. 2, p. 164-178, 1984.

FIELD, Syd. *Four Screenplays: Studies in the American Screenplay*. Nova York: Delta, 2009.

_____. *The Screenwriter's Workbook* (Revised Edition). Nova York: Delta, 2008.

_____. *Screenplay: The Foundations of Screenwriting*. Nova York: Dell Publishing Co., 1979.

FLINN, Denny Martin. *How Not to Write a Screenplay: 101 Common Mistakes Most Screenwriters Make*. Nova York: Lone Eagle, 1999.

FOSSHEIM, Hallvard. Mimesis in Aristotle's Ethics. In: ANDERSEN, Øivind e HAARBERG, Jon (eds.). *Making Sense of Aristotle: Essays in Poetics*. Londres: Duckworth, 2003, p. 73- 86.

FRANK, Sandy. *The Inner Game of Screenwriting: 20 Winning Story Forms*. Studio City, CA: Michael Wiese Productions, 2011.

FROUG, William. *How I Escaped from Gilligan's Island: And Other Misadventures of a Hollywood Writer-Producer*. Bowling Green, OH: Bowling Green University Popular Press, 2005.

_____. *Zen and the Art of Screenwriting: N° 2: More Insights and Interviews*. Los Angeles: Silman-James Press, 2000.

_____. *Zen and the Art of Screenwriting: Insights and Interviews*. Los Angeles: Silman-James Press, 1996.

GALLO, Guy. *The Screenwriter's Compass: Character as True North*. Boston: Focal Press, 2012. [Kindle DX ebook]. Amazon.com

GARCÍA-NOBLEJAS, Juan José. Vámonos de aquí: sobre la salida como espectadores de O Brother! In: JIMÉNEZ CATAÑO, Rafael (ed.). *Il ritorno a casa*. Roma: Edusc, 2006.

_____. La identidad temática en Hero, un hermoso y extraño cuento chino. In: FRAGO PÉREZ, Marta; MARTÍNEZ ILLÁN, Antonio e CUEVAS ÁLVAREZ, Efrén (eds.). *Personaje, acción e identidad en cine y literatura*. Madrid: Eiunsa, 2006, p. 75-90.

_____. Resquicios de trascendencia en el cine: Pactos de lectura y segundas navegaciones en las películas. In: JIMÉNEZ CATAÑO, Rafael e GARCÍA- NOBLEJAS, Juan José (eds.). *Poetica & Cristianesimo*. Roma: Edusc, 2004, p. 29-70.

_____. Pensar hoy un sentido trascendente para la catarsis aristotélica. In: FARO, Giorgio (ed.). *Lavoro e vita quotidiana*. v. IV. Roma: Edusc, 2003, p. 265-292.

_____. *Comunicación borrosa: sentido práctico del periodismo y de la ficción cinematográfica*. Pamplona: Eunsa, 2000.

_____. *Comunicación y mundos posibles*. Pamplona: Eunsa, 1996.

_____. *Poética del texto audiovisual: Introducción al discurso narrativo de la imagen*. Pamplona: Eunsa, 1982.

GILLES, D. B. *The Screenwriter Within: New Strategies to Finish Your Screenplay and Get a Deal*. Studio City, CA: Michael Wiese Productions, 2011.

GULINO, Paul Joseph. *Screenwriting*. Nova York: Continuum, 2010.

HALLIWELL, Stephen. *The Aesthetics of Mimesis: Ancient Texts and Modern Problems*. Princeton: Princeton University Press, 2002.

_____. (trans. and comm.). *The Poetics of Aristotle*. Londres: Duckworth, 1987.

HORTON, Andrew. *Writing the Character-Centered Screenplay*. California: University of California Press, 1994.

HOWARD, David. *How to Build a Great Screenplay: A Master Class in Storytelling for Film*. Nova York: St. Martin's Griffin, 2004.

HOWARD, David e MABLEY, Edward. *The Tools of Screenwriting: A Writer's Guide to the Craft and Elements of a Screenplay*. Nova York: St. Martin's Griffin, 1995.

HUNTER, Lew. *Lew Hunter's Screenwriting 434: The Industry's Premier Teacher Reveals the Secrets of the Successful Screenplay*. Nova York: Perigee Trade, 2004.

IANDOLO, Nicholas. *Cut The Crap and WRITE THAT DAMN SCREENPLAY!* MCWriting.com, 2010, [Kindle DX ebook]. Amazon.com

IGLESIAS, Karl. *The 101 Habits of Highly Successful Screenwriters: Insider's Secrets from Hollywood's Top Writers*. Avon Massachusetts: Adams Media, 2012.

_____. *Writing for Emotional Impact: Advanced Dramatic Techniques to Attract, Engage, and Fascinate the Reader from Beginning to End*. Livermore, California: WingSpan Press, 2005.

INCIARTE, Fernando e LLANO, Alejandro. *Metafísica tras el final de la metafísica/ Metaphysics After The End Of Metaphysics*. Madrid: Cristiandad, 2007.

KALLAS, Christina. *Creative Screenwriting: Understanding Emotional Structure*. Nova York: Palgrave Macmillan, 2010.

KEANE, Christopher. *How to Write a Selling Screenplay*. Nova York: Broadway Books, 1998.

KREVOLIN, Richard W. *Screenwriting in the Land of Oz*. Avon, Massachusetts: Adams Media, 2011.

_____. *How to Adapt Anything into a Screenplay*. Hoboken, Nova Jersey: John Wiley & Sons, 2003.

LANDAU, Neil. *101 Things I Learned in Film School*. Nova York: Grand Central Pub, 2010.

LAWSON, John Howard. *Theory and Technique of Playwriting*. Nova York: Hill and Wang, 1960.

LEE, Lance. *A Poetics for Screenwriters*. Austin: University of Texas Press, 2001.

LÓPEZ EIRE, Antonio. *Poética Aristóteles*. Madrid: Istmo, 2002.

MABLEY, Edward. *Dramatic Construction. An Outline of Basic Principles: Followed by Technical Analyses of Significant Plays by Sophocles... and Others*. Philadelphia, Nova York: Chilton Book, 1972.

MARTELL, William C. *Creating Strong Protagonists*. Studio City, CA: First Strike Productions, 2002.

McBRIDE, Joseph. *Writing in Pictures: Screenwriting Made (Mostly) Painless*. Nova York: Vintage Books, 2012.

McKEE, Robert. *Story: Substance, Structure, Style and the Principles of Screenwriting*. Londres: Methuen, 1999.

MCKENNA, David e VOGLER, Christopher. *Memo from the Story Department: Secrets of Structure and Character*. Studio City, CA: Michael Wiese Productions, 2011.

MURPHY, J. J. *Me and You and Memento and Fargo: How Independent Screenplays Work*. Nova York: Continuum, 2007.

NIETZSCHE, Friedrich. *O nascimento da tragédia*. 2.ed. São Paulo: Companhia das Letras, 1999.

PHILLIPS, Melanie Anne e HUNTLEY, Chris. *Dramatica: A New Theory of Story*. Tenth Anniversary Edition: Write Brothers Press, 2009.

RABIGER, Michael. *Developing Story Ideas*. Burlington: Focal Press, MA: 2006.

RICOEUR, Paul. *The Rule of Metaphor: The Creation of Meaning in Language*. Londres, Nova York: Routledge, 2006 [Kindle DX ebook]. Amazon.com

RODMAN, Howard. What a Screenplay Isn't. *Cinema Journal*, v. 45, n° 2, p. 86-89, 2006.

RORTY, Amélie Oksenberg (ed.). *Essays on Aristotle's Poetics*. Princeton: Princeton University Press, 1992.

RUSH, Zachariah. *Beyond the Screenplay: A Dialectical Approach to Dramaturgy*. Jefferson, North Carolina: McFarland & Company, 2012.

RUSSIN, Robin U. e DOWNS, William Missouri. *Screenplay: Writing the Picture*. Los Angeles: Silman-James Press, 2003.

SCHECHTER, Jeffrey. *My Story Can Beat Up Your Story: Ten Ways to Toughen Up Your Screenplay from Opening Hook to Knockout Punch*. Studio City, CA: Michael Wiese Productions, 2011.

SCHELLHARDT, Laura. *Screenwriting for Dummies*. Hoboken, NJ: Wiley, 2008.

SEGER, Linda. *Writing Subtext: What Lies Beneath*. Studio City, CA: Michael Wiese Productions, 2011.

_____. *Making a Good Script Great*. Los Angeles: Silman-James, 2010 [Kindle DX ebook]. Amazon.com

SELBO, Jule. *Gardner's Guide to Screenplay: From Idea to Successful Script*. Washington: GGC, 2007.

SOKOLOFF, Alexandra. *Writing Love: Screenwriting Tricks for Authors II*, 2011 [Kindle DX ebook]. Amazon.com

_____. *Screenwriting Tricks for Authors*, 2010 [Kindle DX ebook]. Amazon.com.

STUTTERHEIM, Kerstin e KAISER, Silke. *Handbuch der Filmdramaturgie*. Frankfurt am Main: Peter Lang, 2011.

SUBER, Howard. *The Power of Film*. Studio City, CA: Michael Wiese Productions, 2006 [Kindle DX ebook]. Amazon.com

SUPPA, Ron. *Real Screenwriting: Strategies and Stories from the Trenches*. Boston, MA: Thomson Course Technology PTR, 2006.

TIERNO, Michael. *Aristotles Poetics for Screenwriters*. Nova York: Hyperion, 2002.

TOBIAS, Ronald B. *20 Master Plots and How to Build Them, Writers Digest Books*. Ohio: Cincinnati, 2012.

TRUBY, John. *The Anatomy of Story: 22 Steps to Becoming a Master Storyteller*. Nova York: Faber & Faber, 2008.

VIGO, Alejandro. *Aristóteles: una introducción*. Santiago de Chile: Instituto de Estudios de la Sociedad (IES), 2007.

WALTER, Richard. *Essentials of Screenwriting: The Art, Craft, and Business of Film and Television Writing*. Nova York: Plume, 2010.

_____. *Screenwriting: The Art, Craft and Business of Film and Television Writing*. Nova York: A Plume Book, 1988.

Sobre os autores

Rafael Leal
Autor e roteirista de cinema e televisão, doutor em Cinema e Audiovisual pela UFF, Rafael desenvolveu na LMU Munique, com bolsa do DAAD, parte de sua tese doutoral sobre narrativas imersivas e interativas, modalidades que vêm se tornando o foco de sua prática artística. Desde 2016, Rafael ministra disciplinas de Roteiro Audiovisual na Pontifícia Universidade Católica do Rio de Janeiro, e atualmente é roteirista-chefe de uma série inédita para a Disney+.

Ian W. Macdonald
Professor aposentado da Universidade de Leeds (Reino Unido), é autor do livro *Screenwriting Poetics and the Screen Idea* (2013, não publicado no Brasil), cofundador e primeiro coordenador do Screenwriting Research Network, editor fundador (2012-2015) da série de livros *Palgrave Studies in Screenwriting*, e coeditor do *Journal of Screenwriting* desde o seu início em 2009.

Steven Maras
Professor associado de Mídia e Comunicação na Universidade da Austrália Ocidental, atual editor da série de livros *Palgrave Studies in Screenwriting*, autor dos livros *Ethics in Screenwriting: New Perspectives* (2016, não publicado no Brasil) e *Screenwriting Research: History, Theory and Practice* (2011, não publicado no Brasil).

Craig Batty
Pró-reitor de pesquisa (criativa) da Universidade da Austrália do Sul. Autor, coautor e editor de quinze livros, incluindo *Script Development: Critical Approaches, Creative Practices, International Perspectives* (2021, não publicado no Brasil) e *The Doctoral Experience: Student Stories from the Creative Arts and Humanities* (2019, não publicado no Brasil). Publicou extensivamente trabalhos que abrangem os tópicos de prática de roteiro, teoria de roteiro, pesquisa de prática criativa e orientação doutoral em roteiro.

Radha O'Meara
Professora de roteiro na Escola de Cultura e Comunicação da Universidade de Melbourne. Sua investigação acadêmica centra-se na narrativa no cinema e na televisão contemporânea.

Stayci Taylor
É *industry fellow* no Programa de Pós-Graduação em Mídias do Instituto Real de Tecnologia de Melbourne. Autora de trabalhos sobre prática de roteiro, Taylor coeditou a edição especial do *Journal of Screenwriting* sobre desenvolvimento de roteiro.

Hester Joyce
Pesquisadora na Universidade La Trobe, com interesse na prática criativa em roteiro e teatro e na pesquisa em culturas audiovisuais, roteiro, estética cinematográfica e cinemas nacionais.

Philippa Burne
Roteirista e professora, com experiência profissional internacional em televisão e cinema. Leciona na Escola de Cinema e Televisão da Universidade de Melbourne e está concluindo seu doutorado no Instituto Real de Tecnologia de Melbourne.

Noel Maloney
Leciona Roteiro e Dramaturgia Teatral na Universidade La Trobe, em Melbourne. Tem como linha de pesquisa as relações entre prática criativa, artesanato e indústria na escrita performática. Sua prática criativa inclui a escrita para televisão e teatro.

Mark Poole
Cineasta, roteirista e professor de Roteiro e Cinema na Universidade Monash e no Instituto Real de Tecnologia de Melbourne. Completou recentemente seu doutorado sobre o processo criativo do roteiro.

Marilyn Tofler
Roteirista, professora e consultora de roteiro em Melbourne. Cocriadora da série de comédia de televisão australiana *Whatever Happened to That Guy?* e atualmente leciona Cinema e Televisão na Universidade Swinburne.

Sobre os autores

Kathryn Millard
Escritora, cineasta e professora associada da Universidade Macquarie, em Sydney, Austrália. Dentre seus trabalhos como escritora, produtora e diretora estão premiados longas-metragens, documentários e filmes-ensaios. Suas publicações trazem como temas o roteiro, a história do audiovisual, cor, fotografia, criatividade e colaboração.

Carmen Sofía Brenes
Jornalista e professora de Roteiro e Poética, cuja pesquisa se concentra na validade contemporânea da aplicação prática e profissional da *Poética* de Aristóteles na escrita de roteiros. Coeditora do livro *Transcultural Screenwriting: Telling Stories for a Global World* (2017, não publicado no Brasil).

Este livro foi composto em Adobe Garamond Pro 11/14 para texto,
9/11 para notas e Frankfurt Gothic Bold 18/18 para títulos.
Miolo impresso em papel Pólen Natural 80g/m² e capa
em Cartão Supremo 250g/m², em abril de 2023.